Computer Shop
Band 20

Alfred Görgens

ATARI Sound- und Musik-Buch

Springer Basel AG

ISBN 978-3-7643-1658-7 ISBN 978-3-0348-6439-8 (eBook)
DOI 10.1007/978-3-0348-6439-8

© Springer Basel AG 1984
Ursprünglich erschienen bei Birkhäuser Verlag, Basel 1984

CIP-Kurztitelaufnahme der Deutschen Bibliothek

Görgens, Alfred
ATARI, Sound- und Musik-Buch / Alfred Görgens.
– Basel ; Boston ; Stuttgart : Birkhäuser, 1984.
  (Computer-Shop ; Bd. 20)
  ISBN 978-3-7643-1658-7
NE: GT

Die vorliegende Publikation ist urheberrechtlich geschützt.
Alle Rechte vorbehalten. Kein Teil dieses Buches darf ohne schriftliche
Genehmigung des Verlages in irgendeiner Form durch Fotokopie, Mikrofilm,
Kassetten oder andere Verfahren reproduziert werden. Auch die Rechte der
Wiedergabe durch Vortrag, Funk und Fernsehen bleiben vorbehalten.

Umschlaggestaltung: Bruckmann & Partner

Inhalt

Sang- und klanglos?	7
Ton ab. - Läuft!	9
Rumpel, Krcks und Donnergroll	15
Verzerrung 0	21
Verzerrung 2	25
Verzerrung 4	28
Verzerrung 6	35
Verzerrung 8	38
Verzerrung 12	41
Der klingende Joystick	47
Tönende Tasten	53
Spiele mit Grafik und Sound	65
Noten übertragen	87
ATARI-Metronom	93
Der gesteuerte Zufall	97
Der Direktzugriff	103
Nützliches	121
Anhang A	124
Grundakkorde einzelner Tonarten	
Anhang B	125
ASCII-Tabelle	
Anhang C	126
Tastatur-Code	

Sang- und klanglos?

Ihr ATARI-Computer muß kein "stummer" Diener sein. Zwar "schweigt" sich die Bedienungsanleitung weitgehend darüber aus, wie man dem Rechner Töne, Soundeffekte und Melodien entlockt. Das sollte Sie aber nicht darüber hinwegtäuschen, daß Ihr Heimcomputer ein perfekter Hausmusikant ist.

Vom Surren, Schwirren, Klirren bis Rattern, Knattern, Schnattern – vom Pfeifen, Fauchen, Zischen bis Brummen, Summen, Rumpeln – vom melodischen Orgelton bis zum begleitenden Rhythmusspiel macht Ihr ATARI so ziemlich jeden Ton locker. Dazu in einer Virtuosität, die Paganini nie erreicht hätte.

Aber nach einigem ratlosen Blättern in der Bedienungsanleitung mit dem vielversprechenden Titel "ATARI Basic" werden Sie kopfschüttelnd fragen: Wie?

(Hat der Computer etwa Stimmbänder, an denen man ziehen kann?) Nein, hat er nicht. Im Gegensatz zu einem töneproduzierenden Volltrunkenen bleibt der Computer auch bei den sonderbarsten Äußerungen "berechnend". Denn ATARI selbst produziert keine Töne. Er gibt lediglich Steuerimpulse an den Magnetkern eines Lautsprechers ab. Dadurch wird dessen Membran in Schwingung versetzt, und die vielen verschiedenen Töne werden hörbar.

Sie werden in einem späteren Kapitel lernen, den Magnetkern des Lautsprechers direkt zu manipulieren. (Und was kann man noch von diesem Buch erwarten?) Zunächst natürlich die ersten geräuschvollen Schritte der Musik-Programmierung. (Aha, also immer schön der Reihe nach.) Genau. Dann geben Soundeffekte den Ton an. Denn das beste Spiel ist ohne Geräusche wenig berauschend. Niemand muß lautlos im Weltraum herumirren oder mit leisen Schrittchen vor Monstern flüchten. Und was sind Drachen, aus deren Rachen ohne Krachen Feuer sprüht?

Durch entsprechende Geräusche wird ein viereckiger Punkt auf dem Bildschirm zum rassigen Rennwagen, eine Linie zur Rakete und ein Kreis zur tickenden Bombe. Nur Geräusche können Illusionen perfekt machen. Dieses Buch zeigt Ihnen, wie Sie die vielen Effekte programmieren können. (So? Wo denn?) Abwarten. Es geht ja gleich los. Sie lernen auch, Töne durch Joystick-Bewegungen zu bestimmen und auf Tastendruck Sounds entstehen zu lassen. (Ach, geht das auch?) Aber ja. - Natürlich fehlt es auch nicht an unterhaltsamen Spielen. (Na, Gott sei Dank.) Schritt für Schritt werden Listings kommentiert. Dadurch haben Sie die Möglichkeit, mit den vorgegebenen Programmstrukturen eigene Ideen zu verwirklichen. (Das ist ja toll.)

Natürlich kann Ihr ATARI noch mehr, als mit Drachenfauchen, Monstergroll und Schreckensgetöse die heile Computerwelt verunsichern. Er ist auch für "ernsthafte" Musik zu haben. Sie können sich die vier Tongeneratoren mit einer Fuge von Bach gefügig machen oder die Chips mit heißen Hits ganz cool abfahren lassen. Im zweiten Teil des Buches finden Sie Programmierhilfen für viele musikalische Aufgaben: Noten übertragen, Rhythmusgeräusche erzeugen und zufällige Kompositionen per Computer sind einige der Themen.

Im dritten Abschnitt lernen Sie dann das fortgeschrittene Programmieren mit Hilfe von POKE und PEEK. Damit können Sie den Tonumfang des ATARI fast verdoppeln, weitere interessante Geräusche erzeugen und den Eingabetakt für die Audiofrequenz-Register verändern. Das bringt jede Menge Töne. (Hört sich wahnsinnig interessant an.) Ist es auch. Insgesamt können Sie mit dem ATARI-Heimcomputer über 1,2 Millionen verschiedene Töne erzeugen. Da wird doch sicher auch etwas für Sie dabei sein.

Ton ab. – Läuft!

Falls Sie schon einmal davon gehört haben, daß zwischen einer Tonleiter und einer anderen Leiter ein Unterschied besteht, können Sie sich beruhigt an dieses Kapitel heranwagen. Es geht hier nämlich um die einfachsten Formen, Töne auf dem ATARI zu erzeugen.

Der BASIC-Befehl dazu lautet: SOUND K,F,Z,L
Sie können den Befehl auch abkürzen: SO. K,F,Z,L

Die Buchstaben K,F,Z,L sind natürlich nur Merkhilfen. Im "richtigen" SOUND-Befehl müssen an diesen Stellen Zahlenwerte bzw. Variablen stehen.

K = Tonkanal (Werte 0 bis 3)
F = Frequenz (Werte 0 bis 255)
Z = Verzerrung (Werte 0 bis 14, nur gerade Zahlen)
L = Lautstärke (Werte 0 bis 15)

Schon mal was von Frequenz gehört? (Woher denn?) Sicher wird jeder schon einmal einen Gummiring zwischen die Finger gespannt und daran gezupft haben. Dadurch wurde der Gummi in Schwingungen versetzt; und je nach Spannung waren tiefe oder etwas höhere Töne zu hören. Als Maß für die Tonhöhe gibt man die Frequenz an. Damit alles seine Ordnung hat, werden Frequenzen in Hertz (Hz) gemessen; das bedeutet Anzahl der Schwingungen pro Sekunde. Die Abbildung unten zeigt eine Frequenz von 2 Hz.

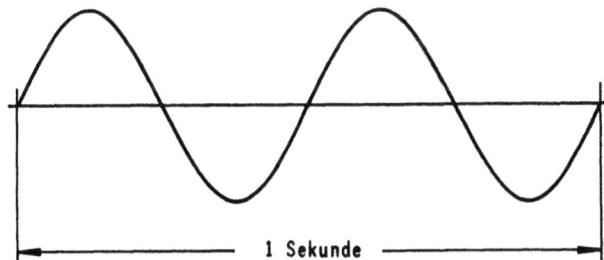

Der Kammerton A, den jede Stimmgabel von sich gibt, schwingt z.B. 440 mal pro Sekunde. Natürlich können Unmusikalische mit der Stimmgabel auch Spaghetti essen. Aber als heranreifender Computermusiker haben Sie sicher gleich gemerkt, daß die höchste zulässige Frequenzangabe im SOUND-Befehl 255

ist. Kann der Kammerton A gar nicht gespielt werden? Nun, die Leute von ATARI haben das auch gleich gemerkt und sich was einfallen lassen: Die Original-Frequenzen werden in BASIC-Werte umgerechnet. Die Formel dazu lautet:

BASIC-Wert = 31960:(Original-Frequenz +1)

(Muß man das jetzt auswendig lernen?) Nein, nicht nötig. Es soll nur veranschaulichen, wie die Angaben für den SOUND-Befehl zustande kommen. Der BASIC-Wert für den Kammerton A errechnet sich also:

31960:(440+1) = 72,47 (abgerundet = 72)

Wollen Sie's mal hören? Dann schreiben Sie:

SOUND 0,72,10,15

Nach RUN hören Sie den Ton. Zum Abschalten müssen Sie die RESET-Taste drücken oder END tippen. Bei der Angabe der Verzerrung (dritter Wert im SOUND-Befehl) ist zu beachten, daß nur die Werte 10 und 14 reine Klänge erzeugen. Alle anderen Angaben verzerren die Töne in unterschiedlicher Weise. Welche Effekte damit erzielt werden können, wird im nächsten Kapitel behandelt.

In einem normalen Programm können Sie natürlich nicht den Ton durch Drücken der RESET-Taste abschalten, weil dadurch der gesamte Programmablauf unterbrochen würde. Es gibt mehrere Möglichkeiten, die Dauer eines Tons zu bestimmen; z.B. mit einer sogenannten "leeren" FOR...NEXT-Schleife. Schreiben Sie folgendes kurze Programm:

```
10 SOUND 0,72,10,15
20 FOR ZEIT=0 TO 1000
30 NEXT ZEIT
```

Die Variable ZEIT wurde nur zum besseren Verständnis gewählt. Es genügt, wenn Sie Z (oder irgendeinen anderen Buchstaben) schreiben. Nach RUN hören Sie etwa zwei Sekunden lang den Ton A. Im Gegensatz zu anderen Computern muß bei ATARI der Tonkanal nach Beendigung einer SOUND-Durchführung nicht abgeschaltet werden. Das besorgt der Rechner freiwillig. Es kann allerdings vorkommen, daß innerhalb eines Programms ein Ton erklingen und danach das Programm normal weiterlaufen soll. In diesem Fall muß der Tonkanal ausgeschaltet werden:

```
40 SOUND 0,0,0,0
50 REM FORTFAHREN IM PROGRAMM
```

Den Kammerton A kennen Sie nun. Falls Sie schon einmal mit den BASIC-Werten der Tonleiter aus der Bedienungsanleitung des ATARI experimentiert haben, konnten Sie sicher feststellen, daß das Zusammenspiel der Töne unsauber klingt. Die einfachen Gründe dafür sind falsch ausgerechnete Werte: Das mittlere C z.B. schwingt mit 261,62 Hz. Wenn man die bereits erwähnte Formel zur Errechnung des BASIC-Wertes nimmt, lautet das Ergebnis für den Ton C:

31960:(261,62+1) = 121,69 (aufgerundet = 122)

In der Bedienungsanleitung lautet der Wert jedoch 126. Auch andere Töne haben falsche BASIC-Werte. Hier nun eine vollständige Tabelle der richtigen BASIC-Frequenzwerte:

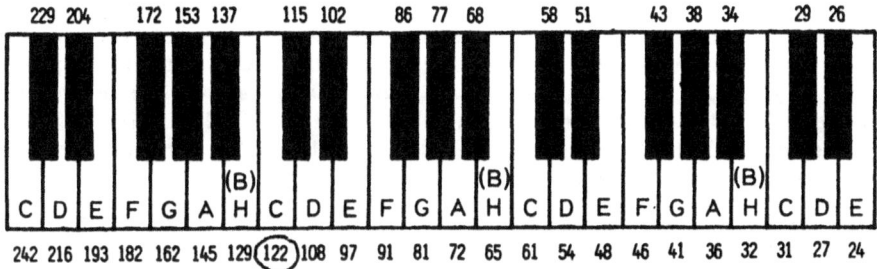

> *Was Sie wissen müssen: Im englischen Sprachraum wird die Note H als B bezeichnet. Bei uns ist die B die Erniedrigung der Note H um einen halben Ton.*

Nachdem Sie nun wissen, wie man einzelne Töne programmiert, folgt als nächstes die "Akkord-Arbeit". Bestimmte Töne klingen harmonisch miteinander; z.B. bei der Tonart C-Dur der Grundakkord C,E,G. Folgendes Programm kann also geschrieben werden:

```
10 SOUND 0,122,10,15
20 SOUND 1,97,10,15
30 SOUND 2,81,10,15
40 FOR ZEIT=0 TO 1000
50 NEXT ZEIT
```

Denken Sie daran, daß Sie den SOUND-Befehl mit SO. abkürzen können. Falls Sie Lust haben, auch Grundakkorde von anderen Tonarten auszuprobieren, können Sie die einzelnen Töne und entsprechenden BASIC-Werte aus der Tabelle im Anhang A entnehmen.

Bei dem Programm von Seite 11 erklingen die Töne des C-Dur-Akkords gleichzeitig. Sie können aber auch die Noten einzeln nacheinander aufrufen und erst zum Schluß gemeinsam erklingen lassen. Das sieht dann so aus:

```
10 SOUND 0,122,10,15:GOSUB 40
20 SOUND 1,97,10,15:GOSUB 40
30 SOUND 2,81,10,15:GOSUB 40
35 END
40 FOR ZEIT=0 TO 1000:NEXT ZEIT
50 RETURN
```

Mit GOSUB wird erreicht, daß nacheinander die einzelnen Tonkanäle für die Dauer der FOR...NEXT-Schleife erklingen. In Zeile 50 wird der Rechner mit RETURN ins Programm zurückgeführt. Die Zeile 35 ist notwendig, um eine Fehlermeldung zu verhindern. Denn würde der Rechner nach Ausführung der der Zeile 30 zu den Zeilen 40 und 50 gelangen, bekäme er eine RETURN-Anweisung ohne passendes GOSUB. Die Fehlermeldung würde lauten: ERROR 16 AT LINE 50. Sie können das einmal ausprobieren.

Im Grunde haben Sie nun alles gelernt, um einfache Töne oder Akkorde erklingen zu lassen. (Das ging aber schnell.) Trotzdem gibt es noch etwas, wodurch die Programmierarbeit vereinfacht werden kann. (Aha, jetzt kommt's.) Stellen Sie sich vor, Sie möchten sehr viele Noten abspielen. Dann wäre es aufwendig, jeden Ton einzeln mit einer SOUND-Anweisung einzugeben. (Stimmt.) Sag' ich ja. In diesem Fall ist es angebracht, mit einem READ...DATA-Statement zu arbeiten. (Hört sich kompliziert an.) Ist es aber nicht. Sie brauchen dabei nur einmal eine SOUND-Anweisung zu schreiben und können mit READ immer wieder neue Noten einlesen. Das folgende Programm ruft die normale C-Dur-Tonleiter auf:

```
10 READ FREQ
20 IF FREQ=0 THEN END
30 SOUND 0,FREQ,10,15
40 FOR ZEIT=0 TO 500:NEXT ZEIT
50 GOTO 10
60 DATA 122,108,97,91,81,72,65,0
```

Exakt das Gleiche können Sie auch auf andere Weise erreichen:

```
10 FOR OFT=0 TO 6
20 READ FREQ
30 SOUND 0,FREQ,10,15
```

```
40 FOR ZEIT=0 TO 500:NEXT ZEIT
50 NEXT OFT
60 DATA 122,108,97,91,81,72,65
```

Durch die FOR...NEXT-Schleife liest der Rechner die sieben Daten aus Zeile 60 (die Null zählt mit). Die IF...THEN-Abfrage aus Zeile 20 im vorhergehenden Programm kann damit gespart werden. Außerdem fällt die Null in Zeile 60 fort. Dafür müssen Sie aber genau auszählen, wieviele Daten einzulesen sind, da der Rechner sonst mit einer Fehlermeldung reagiert.

Die einfachste Methode, beliebig viele Daten in ein Programm einzulesen, ohne auszählen zu müssen oder IF...THEN-Bedingungen zu stellen, ist das Arbeiten mit dem TRAP-Befehl. Mit diesem Befehl können Sie dem Rechner angeben, in welche Zeile er springen soll, wenn ein Fehler auftritt. Der TRAP-Befehl ist jedoch nur einmal in einem Programm wirksam und muß deshalb immer wieder erneuert werden, bevor ein neuer Fehler auftreten kann.

Im folgenden Programm soll der Rechner beim Auftritt eines Fehlers zur Zeile 90 springen und das Programm beenden. Der Fehler tritt in jedem Fall auf, sobald alle Daten aus den Zeilen 60 bis 80 gelesen sind. Die DATA-Zeilen enthalten in diesem Beispiel nicht nur die Frequenz-Werte, sondern auch die Angaben für die Lautstärke und die Tondauer:

```
10 TRAP 90
20 READ A,B,C,D
30 SOUND A,B,10,C
40 FOR ZEIT=0 TO D:NEXT ZEIT
50 GOTO 20
60 DATA 0,122,15,500
70 DATA 1,97,10,250
80 DATA 0,81,12,500
90 END
```

Die Zeilen 60 bis 80 wurden nur zur besseren Übersicht getrennt. Sie können die DATA-Werte auch in einer Zeile zusammenfassen. Es ist jedoch sinnvoll, die Angaben logisch zu ordnen, damit leichter Veränderungen vorgenommen werden können. Die Datenblöcke im oben stehenden Programm enthalten jeweils die Angaben für Tonkanal, Frequenz, Lautstärke und Tondauer (ZEIT-Variable).

Mit diesem Grundwissen können Sie jede Menge "Stimmung" auf Ihrem ATARI machen.

Was Sie wissen müssen: Wenn alle vier Tonkanäle aktiviert werden, sollte die Gesamtlautstärke den Wert 32 nicht übersteigen. Es können sonst Tonverzerrungen auftreten.

Rumpel, Krcks und Donnergroll

Jetzt kommt der Sound, aus dem die Spiele sind. Wie soll man eine schöne Jungfrau retten, wenn ihr Hilfeschrei nicht zu hören ist? Wie soll man einer Gefahr begegnen, wenn nirgendwo eine Alarmsirene ertönt? Was ist ein Poker-Spiel per Computer ohne das stimmungsvolle Kartenmisch-Geräusch? Wie soll man die blaue Grafik auf dem Bildschirm als Meer identifizieren, wenn dazu kein Meeresrauschen erklingt? - Klappern gehört zum Handwerk. Das gilt auch für das Handwerk des Programmierens.

Jeder möchte seine Programme verbessern. Aber das fürchterlichste Umgeheuer wird zur traurigen Gestalt, wenn es sein Maul aufreißt und lautlos ein paar rote Kleckse auf den Bildschirm spuckt, die "Feuerfauchen" sein sollen. Jeder Held würde schallend lachen, müßte er gegen solch eine "Bestie" ankämpfen. (Stimmt. Aber wie programmiert man "Lachen"?) Ganz einfach; indem man dem Computer einen Witz erzählt.

Zurück zum Feuerdrachen. Wenn ein Dreieck (soll der Kopf sein), ein Recheckt (Körper) und ein Strich (soll der Drachenschwanz sein) über den Bildschirm läuft und gleichzeitig ein donnerndes Getöse aus dem Lautsprecher grollt, daß die Wände wackeln, dann bekommt sogar der Spieler an seinem Joystick Herzklopfen.

Schon die alten Inder kannten das Phänomen der Illusion, dem die Menschen so gerne erliegen. Sie nannten das "Maya". Sogar dieses Buch ist Maya. Oder glauben Sie ernsthaft, daß Sie im Augenblick diesen Satz lesen? - Wenn es auch dem Lautsprecher donnert, zieht in Wirklichkeit natürlich kein Gewitter auf (es sei denn, der Nachbar ärgert sich über den Lärm). Trotzdem reagieren wir entsprechend den Geräuschen, die wir hören. Das macht Computerspiele so faszinierend.

Das Programmieren von bestimmten Geräuscheffekten ist für viele oft ein Problem. Denn alle Geräusche müssen synthetisch generiert werden. Das gelingt nur durch Zufall oder wenn man weiß, wie die Originalgeräusche aufgebaut sind. Sogar die menschliche Stimme läßt sich künstlich nachahmen. Der Buchstabe A z.B. schwingt mit einer Hauptfrequenz von ca. 500 Hz. (Fehlt noch, daß man dem Computer beibringt, "Ich liebe Dich" zu krächzen.)

Was stellt ATARI zur Verfügung, um Soundeffekte zu erzeugen? Erst einmal die BASIC-Frequenzwerte 0 bis 255. Dann die Verzerrungen 0,2,4,6,8 und 12. Aber auch mit "reinen" Tönen lassen sich Effekte erzielen. Ein Beispiel:

```
10 FOR FREQ=15 TO 255
20 SOUND 0,FREQ,10,15
30 NEXT FREQ
```

Mit diesem Programm pfeift der Computer Ihnen etwas. Der Effekt ist geeignet für "Fallendes Objekt", "Punktverlust" oder "Fehlschlag". Das Programm kann auch umgedreht werden:

```
10 FOR FREQ=255 TO 15 STEP -1
20 SOUND 0,FREQ,10,15
30 NEXT FREQ
```

Dieser Effekt eigent sich ebenfalls für "Punktverlust". Er kann aber auch beim Zusammenstoß von zwei Objekten genommen werden. Bei beiden Programmen wurde das Frequenz-Spektrum nur bis zum Wert 15 gewählt. (Alle höheren Töne hören sich wohl an wie der Gesang einer Elfe im Stimmbruch?) Genau. Mit diesen beiden Programmen können Sie bereits in vielfältiger Weise experimentieren und interessante Effekte erzielen. Ändern Sie z.B. Zeile 10 im vorherigen Programm:

```
10 FOR FREQ=255 TO 15 STEP -2
20 SOUND 0,FREQ,10,15
30 NEXT FREQ
```

Oder schreiben Sie:

```
10 FOR OFT=0 TO 3
20 FOR FREQ=200 TO 15 STEP -2
30 SOUND 0,FREQ,10,15
40 NEXT FREQ
50 NEXT OFT
```

Dieser Effekt ist als allgemeines Gefahren- und Alarm-Signal zu verwenden. Sie können die Schnelligkeit der Tonfolge noch steigern, wenn Sie in Zeile 10 das STEP -2 weiter verändern (z.B. STEP -4). Experimentieren Sie nach eigener Lust und Laune. Sie werden schnell merken, wie viele verschiedene Effekte durch geringfügige Veränderungen entstehen. Im folgenden Programm wird der STEP auf -20 erhöht und die Klangfolge elfmal abgespielt.

```
10 FOR OFT=0 TO 10
20 FOR FREQ=200 TO 15 STEP -20
30 SOUND 0,FREQ,10,15
40 NEXT FREQ
50 NEXT OFT
```

Das hört sich dann an wie ein Roboter, der einen Elektroschock erlitten hat. Der Effekt kann auch für Schußgeräusche kurioser Waffen genommen werden oder wenn eine Spielfigur durch eine Wand rennt. Wenn Sie statt STEP -20 nun STEP -50 nehmen, erhalten Sie ein Geräusch, das an das Klingeln eines modernen Telefons erinnert. - Wenden Sie sich noch einmal dem ersten Beispielprogramm auf Seite 16 zu und ändern Sie:

```
10 FOR OFT=0 TO 3
20 FOR FREQ=15 TO 200
30 SOUND 0,FREQ,10,15
40 NEXT FREQ
50 NEXT OFT
```

Auch mit diesem Programm können Sie nach Herzenslust herumexperimentieren. Ein Beispiel:

```
10 FOR OFT=0 TO 10
20 FOR FREQ=15 TO 200 STEP 10
30 SOUND 0,FREQ,10,15
40 NEXT FREQ
50 NEXT OFT
```

Das hört sich an wie die Schüsse eines Elektronik-Panzers. Sie können auch das Frequenz-Spektrum weiter einschränken und schreiben:

```
10 FOR OFT=0 TO 10
20 FOR FREQ=200 TO 255
30 SOUND 0,FREQ,10,15
40 NEXT FREQ
50 NEXT OFT
```

Dieser Effekt dient als Gefahrensignal oder als Begleitsound für die Bewegung gefährlicher Objekte. Sie können nun einige Stunden damit verbringen, aus den beiden Grundprogrammen sämtliche Sound-Variationen herauszuholen. Dabei handelt es sich noch immer um unverzerrte Töne und zwei Prinzipien: Das Spielen von hoher Frequenz zu niedriger Frequenz und umgekehrt. Wenn Sie zusätzlich noch die Lautstärke verändern, bekommen Sie wiederum ganz neue Effekte:

```
10 FOR LAUT=0 TO 15
20 FOR FREQ=200 TO 230 STEP 2
30 SOUND 0,FREQ,10,LAUT
40 NEXT FREQ
50 NEXT LAUT
```

Dieser Effekt klingt sehr "elektronisch". Wegen seines schwebenden Charakters läßt er sich gut bei einem herannahenden Objekt einsetzen. Wenn Sie möchten, daß sich das Obejekt klangmäßig nähert und wieder entfernt, verändern Sie das obenstehende Programm folgendermaßen:

```
10 FOR LAUT=-15 TO 15
20 FOR FREQ=200 TO 230 STEP 2
30 SOUND 0,FREQ,10,15-ABS(LAUT)
40 NEXT FREQ
50 NEXT LAUT
```

Das Geheimnis der Zeilen 10 bis 30: Wenn von der Lautstärke 15 der Absolutwert von -15 (= +15) abgezogen wird, erhält man Null, also den geringsten Lautstärkenwert. Erreicht die Variable LAUT durch die FOR...NEXT-Schleife den Wert Null, so ergibt sich in Zeile 30 die größte Lautstärke. Von da an nehmen die Werte wieder ab.

Neben den Prinzipien, die Frequenzen aufsteigen oder abfallen zu lassen und die Lautstärke zu manipulieren, gibt es noch die Möglichkeit, die Tondauer (Variable ZEIT) zu verändern. (Und wann ist endlich Ruhe?) Jetzt geht's doch erst richtig los.

Als erstes Beispiel muß wieder der Kammerton A herhalten, den Sie bereits aus dem ersten Listing von Seite 10 kennen:

```
10 FOR OFT=0 TO 10
20 SOUND 0,72,10,15
30 FOR ZEIT=0 TO 50:NEXT ZEIT
40 SOUND 0,0,0,0
50 NEXT OFT
```

Mit diesem Soundeffekt kann auf eine allgemeine Gefahr aufmerksam gemacht werden. Er läßt sich aber auch sehr gut in einem Flipper-Spiel anwenden. Falls Ihnen die Frequenz nicht gefällt, können Sie alle anderen Töne durchprobieren und Ihr Lieblingsgedudel herausfinden. Versuchen Sie's auch mal mit dem Frequenzwert 246. (Klingt nicht übel.) Sag' ich ja. Im folgenden Beispiel wird in Zeile 20 der Ton A eine Oktave höher gespielt und die Tondauer gekürzt:

```
10 FOR OFT=0 TO 10
20 SOUND 0,36,10,15
30 FOR ZEIT=0 TO 5:NEXT ZEIT
40 SOUND 0,0,0,0
50 NEXT OFT
```

Sie erhalten dann ein rhythmisches Klirren, das sich für viele Spielsituationen einsetzen läßt; z.B. bei Regelwidrigkeiten, wenn eine Spielfigur gegen eine Wand rennt oder um ganz allgemein Aufmerksamkeit zu erzeugen. Falls Sie mal ein modernes Telefon klingeln lassen wollen, schreiben Sie folgendes Programm:

```
10 DAUER=10
20 FOR X=0 TO DAUER
30 SOUND 0,36,10,15
40 SOUND 1,72,10,8
50 FOR ZEIT=0 TO 5:NEXT ZEIT
60 SOUND 0,0,0,0
70 SOUND 1,0,0,0
80 NEXT X
90 IF DAUER=10 THEN DAUER=15:GOTO 20
```

In den Zeilen 30 und 40 werden die bereits bekannten A-Töne mit der FOR...NEXT-Schleife X TO DAUER gespielt. Durch das kurzzeitige Ausschalten der Tonkanäle in den Zeilen 60 und 70 nimmt der Sound einen trillernden Charakter an. Nachdem zunächst die FOR...NEXT-Schleife elfmal durchlaufen wird, nimmt die Variable DAUER in Zeile 90 den Wert 15 an. Dann kehrt der Rechner zur Zeile 20 zurück und spielt die beiden Frequenzen sechzehnmal (da die Null mitzählt). Danach trifft die Bedingung der Zeile 90 nicht mehr zu und das Programm wird beendet. Soll das Telefon ständig klingeln, ergänzen Sie das obenstehende Listing:

```
100 FOR PAUSE=0 TO 500:NEXT PAUSE
110 GOTO 10
```

Um das aufdringliche Klingeln abzustellen, müssen Sie die RESET-Taste drücken. Mit diesen Anregungen läßt sich wiederum stundenlang herumexperimentieren. Sie können alle bisher gezeigten Prinzipien miteinander verbinden; also bei aufsteigenden oder abfallenden Frequenzen die Laustärke anschwellen und ausklingen lassen und die Tondauer verändern. Sie werden immer wieder feststellen, wieviele unterschiedliche Sound-Charaktere sich durch geringfügige Änderungen erzielen lassen.

Doch jetzt, lieber Leser, müssen Sie sehr tapfer sein! Denn auf den folgenden Seiten finden Sie nur Tabellen, Tabellen, Tabellen. (Muß das sein?) Ja, muß sein. Diese Tabellen sind nämlich sehr nützlich. (Kann jeder behaupten.) Na ja, aber es stimmt. Wenn Sie ein Programm entwickeln und einen bestimmten Soundeffekt suchen, können Sie aus den Tabellen das passende für sich heraussuchen oder zumindest Anregungen finden, welcher Sound am besten in Ihr Programm paßt.

Jede Tabelle enthält die Effekte aller Frequenzen für einen bestimmten Verzerrungsgrad. Dabei sind meistens mehrere Frequenzen zusammengefaßt, die zwar nicht identisch, aber doch ähnlich klingen. Die aufgezeigten Anwendungsmöglichkeiten sind natürlich nur knappe Beispiele und Anregungen. Sicher finden Sie für die einzelnen Sounds noch ganz andere Anwendungen. Das hängt schließlich ganz vom Thema des Programms ab.

Was Sie wissen müssen: Einige Kombinationen von Frequenzen und Verzerrung erzeugen keinen Ton. In den Tabellen ist enthalten, um welche Frequenzen es sich handelt.

Tabelle 1	Verzerrung Ø	
Frequenz	Charakter	Anwendung
255-248	unrhythmisches, knurrendes, dumpfes Rauschen	"Elektrisieren"; gegen Wände rennen; erstes Startgeräusch für Rakete oder Rennwagen
247	kein Ton	-
246-217	unrhythmisches, knurrendes Rauschen	wie 255-248 Auseinanderbersten von Dingen; Beginn von Erdbeben; Abklingen einer Explosion
216	kein Ton	-
215-186	unrhythmisches Rauschen, aber nicht so dumpf wie bei 255-248	wie 255-248 "zähflüssiges" Fahrgeräusch; utopisches Bewegungs-Objekt
185	meistens kein Ton	besser nicht anwenden
184-155	wie 215-186	Auseinanderbersten von Dingen; Startgeräusch für Rakete oder Fahrzeug; Zusammenstoß von Objekten
154	kein Ton	-
153-124	unrhythmisches, hell-knurrendes Rauschen	Fahr- und Fluggeräusch von exotischen Objekten; Leerlauf eines Motors
123	kein Ton	-
122-93	wie 153-124	wie 153-124; "Elektrisieren"
92	kein Ton	-
91-62	unrhythmisch surrendes, knurrendes Rauschen	in Verbindung mit anderen Frequenzen Startgeräusch einer Rakete
61	meistens kein Ton	besser nicht anwenden
60-40	unrhythmisches, zischendes Rauschen	2. Phase eines Erdbebens; 2. Phase einer Explosion; kosmisches Fluggeräusch
39-31	surrendes, zischendes Rauschen	in Verbindung mit anderen Frequenzen für Explosion
30	oft kein Ton; sonst klirrendes, zischendes Rauschen	besser nicht anwenden

Tabelle 1	Verzerrung Ø	
Frequenz	Charakter	Anwendung
29-20	helles, klirrendes, zischendes Rauschen	Raketenflug, Explosion
19-14	lebhaftes, klirrendes, zischendes Rauschen	wie 29-20
13-10	helles, zischendes Rauschen	entschwindende Rakete; Explosion; zischendes Fahrgeräusch
9-5	helles, zischendes Rauschen	wie 13-10
4-2	lebhaftes, fließendes, helles Rauschen	wie 13-10; Wasserrauschen (z.B. Staudamm, Wasserfall)
1	zischendes Rauschen	Dampf- und Zischgeräusche
0	wie 1, jedoch weniger intensiv	wie 1

Verzerrung 0
Anwendungs-Beispiele

```
10 FOR FREQ=0 TO 90 STEP 0.3
20 SOUND 0,FREQ,0,15
30 NEXT FREQ
40 FOR LAUT=15 TO 0 STEP -0.05
50 SOUND 0,FREQ,0,LAUT
60 NEXT LAUT
```

Mit diesem Programm erhalten Sie ein explosives Krachen. In Zeile 10 und 30 werden die Frequenzen 0 bis 90 aufgerufen, wobei durch STEP 0.3 eine zusätzliche Verzögerung erreicht wird. Zeile 20 spielt die aktuelle Frequenz. Ab Zeile 40 nimmt durch die FOR...NEXT-Schleife die Lautstärke allmählich ab. STEP -0.05 sorgt für eine Verzögerung, die Sie auch verändern können.

```
10 DIM A$(1)
20 LAUT=15
30 PRINT "SCHUSS ";
40 INPUT A$
50 FOR F=0 TO 29 STEP 0.5
60 SOUND 0,F,0,LAUT
```

```
70 LAUT=LAUT-0.2
80 NEXT F
90 SOUND 0,0,0,0
100 GOTO 20
```

Bei diesem Programm können Sie durch Drücken der RETURN-Taste ein typisches Schuß-Geräusch erzeugen.

10: ATARI-Computer neigen zu Fehlermeldungen, wenn String-Variablen nicht DIMensioniert werden.

20: Die Lautstärke wird festgelegt.

30 und 40: Auf dem Bildschirm wird das Wort "SCHUSS" ausgegeben. Mit dem INPUT wartet der Computer auf die Eingabe eines Zeichens. Sie können jede beliebige Taste drücken und mit RETURN starten. Es genügt jedoch, nur die RETURN-Taste zu drücken, um den Schuß auszulösen.

50: Die Frequenzen 0 bis 29 werden aufgerufen. Durch STEP -0.5 wird nur bei jedem zweiten FOR...NEXT-Durchlauf die Frequenz um Eins erhöht.

60: Die aktuelle Frequenz wird gespielt.

70: Während in Zeile 50 die Frequenzen aufgerufen werden, nimmt die Lautstärke ab. Durch -0.2 reduziert sich der Anfangswert LAUT=15 in jedem fünften FOR...NEXT-Durchlauf um Eins. Die Abnahme darf den Wert 0.2 nicht überschreiten, da sonst ein Wert unter Null erreicht wird, was zu einer Fehlermeldung führt.

90: Der Tonkanal wird abgeschaltet.

100: Der Rechner wird zur Zeile 20 geführt, wo er wieder den alten Lautstärkenwert registriert und in Zeile 30 auf einen neuen Tastendruck wartet. Sie können das Programm durch BREAK unterbrechen.

```
10 FOR LAUT=0 TO 10
20 SOUND 0,215,0,LAUT
30 FOR ZEIT=0 TO 200:NEXT ZEIT
40 NEXT LAUT
50 SOUND 0,60,0,15
60 SOUND 1,40,0,15
70 SOUND 2,19,0,15
80 FOR ZEIT=0 TO 1000:NEXT ZEIT
90 FOR LAUT=15 TO 0 STEP -1
100 SOUND 0,60,0,LAUT
110 SOUND 1,40,0,LAUT
120 SOUND 2,19,0,LAUT
```

```
130 FOR ZEIT=0 TO 200:NEXT ZEIT
140 NEXT LAUT
```

Für "Nahendes Unheil, Blitz und Donner" sorgt dieses Programm. Hier werden drei Tonkanäle gleichzeitig aktiviert.

10 bis 40: Die Frequenz wird mit langsam steigender Lautstärke gespielt. Zeile 30 sorgt dabei für die notwendige Verzögerung.

50 bis 70: Sobald die Lautstärke 10 erreicht ist, donnern drei Tonkanäle mit unterschiedlichen Frequenzwerten in der Lautstärke 15 los.

80: Eine Verzögerungs-Schleife, mit der die Tongeneratoren eine zeitlang aktiv bleiben.

90 bis 140: Die Lautstärke nimmt allmählich ab; das Unwetter verzieht sich. Zeile 130 sorgt wieder für eine Verzögerung.

```
10 FOR OFT=0 TO 10
20 FOR FREQ=1 TO 4
30 SOUND 0,FREQ,0,4
40 FOR ZEIT=0 TO 25:NEXT ZEIT
50 SOUND 0,0,0,0
60 FOR ZEIT=0 TO 25:NEXT ZEIT
70 NEXT FREQ
80 NEXT OFT
```

Dieses Anwendungs-Beispiel bringt ein Original-Dampflock-Geräusch. Hier sind zwei FOR...NEXT-Schleifen ineinander verschachtelt. Zeile 10 sorgt dafür, daß das Programm elfmal durchlaufen wird (die Null zählt mit). Bei jedem Durchlauf werden die Frequenzen 1 bis 4 aufgerufen und in Zeile 50 wieder kurz abgeschaltet.

Tabelle 2	Verzerrung 2	
Frequenz	Charakter	Anwendung
255-248	rhythmisches Elektronikknurren	Zusammenprall; Gefahrenobjekte; utopisches Fluggeräusch
247	kein Ton	-
246-235	wie 255-248, jedoch nicht so dumpf	wie 255-248; Leerlauf eines schweren Motors
234-217	schnelles, rhythmisches, hackendes Elektronikknurren	Elektronik-Hubschrauber; Leerlauf eines Motors; Gefahrenobjekt
216	meistens kein Ton, sonst reines "D"	besser nicht anwenden
215-186	wie 234-217	wie 234-217
185	kein Ton	-
184-155	wie 234-217, jedoch schneller	1. Gang Rennwagen; utopisches Gluggeräusch; Maschine
154	meistens kein Ton, sonst reines "Gis"	besser nicht anwenden
153-124	dumpfes Surren	2. Gang Rennwagen; Fluggeräusch; Gefahrenobjekt; Schiff mit Dieselmotor
123	meistens kein Ton	besser nicht anwenden
122-93	wie 153-125, jedoch etwas heller	wie 153-124
92	meistens kein Ton	besser nicht anwenden
91-62	rhythmisches Surren	3. Gang Rennwagen; Motor mittlerer Drehzahl; Gefahr; Verfolgung; utopisches Fluggeräusch
61	kein Ton	-
60-40	schnelles, rhythmisches Surren	4. Gang Rennwagen; Motor hoher Drehzahl; Begleitsound für bewegliche Gefahrenobjekte
39-31	wie 60-40	Säge; Motor hoher Drehzahl; gefährliche Insekten
30	kein Ton	-

Tabelle 2	Verzerrung 2	
Frequenz	Charakter	Anwendung
29-20	schneidendes Summen	utopisches Fluggeräusch; Gefahr; Alarm
19-14	wie 29-20	wie 29-20
13-10	helles, schneidendes Summen	Modellflugzeug
9-5	abgeschwächtes, schneidendes Summen	allgemeiner Begleitsound für bewegte Objekte; Hebebühne
4-2	helles Summen	elektronische Hupe; Gefahrensignal; Begleitsound für unangenehme Objekte
1	hoher, fast reiner Ton	wie 4-2
0	abgeschwächter, fast reiner, hoher Ton	keine spezifische Anwendung

Verzerrung 2
Anwendungs-Beispiele

```
10 FOR FREQ=5 TO 14
20 SOUND 0,FREQ,2,8
30 FOR ZEIT=0 TO 50:NEXT ZEIT
40 NEXT FREQ
```

Ein herrlicher Sound für "Punktverlust", "Fehlschlag" und ähnliches. Durch die erste FOR...NEXT-Schleife werden die Frequenzen 5 bis 14 aufgerufen. Die zweite Schleife sorgt für eine Verzögerung. Sie können diese Werte nach Belieben verändern.

```
10 FOR FREQ=19 TO 5 STEP -1
20 SOUND 0,FREQ,2,8
30 FOR ZEIT=0 TO 50:NEXT ZEIT
40 NEXT FREQ
```

Bei diesem Programm ist das Prinzip des ersten genau umgedreht: Hier werden die Frequenzen aufsteigend gespielt. Der Effekt ist ein allgemeiner Video-Spiel-Sound und läßt sich in allen möglichen Situationen anwenden. Genau wie im ersten Beispiel können auch hier die Frequenzangaben und die Verzögerung beliebig geändert werden.

```
10 FOR FREQ=0 TO 4
20 SOUND 0,FREQ,2,8
30 FOR ZEIT=0 TO 50:NEXT ZEIT
40 NEXT FREQ
```

Ein anderes Beispiel für "Punktverlust", "Fehlschlag" oder Regelwidrigkeiten. Versuchen Sie auch hier das Frequenzspiel umzudrehen, indem Sie schreiben: 10 FOR FREQ=4 TO 0 STEP -1

```
10 FOR OFT=0 TO 10
20 FOR FREQ=31 TO 39
30 SOUND 0,FREQ,2,8
40 FOR ZEIT=0 TO 15:NEXT ZEIT
50 SOUND 0,0,0,0
60 FOR ZEIT=0 TO 15:NEXT ZEIT
70 NEXT FREQ
80 NEXT OFT
```

Dieses Programm erzeugt ein aufdringliches, bedrohliches Schnattern. Es eignet sich gut als Begleitsound für ein gefährliches Objekt, das über den Bildschirm saust. In Zeile 10 sorgt die FOR...NEXT-Schleife dafür, daß der Effekt elfmal wiederholt wird. Wenn Sie dieses Programm in ein Spiel einbauen, können Sie den Sound so oft wiederholen lassen, bis z.B. das Gefahrenobjekt den Bildschirm verlassen hat, bis es abgeschossen wurde oder ähnliches.

```
10 DIM A$(1):DIM B$(30):FREQ=184
20 B$="GANGSCHALTUNG BETAETIGEN ! ! "
30 PRINT B$;
40 INPUT A$
50 X=X+1:IF X=5 THEN END
60 SOUND 0,FREQ,2,10
70 FREQ=FREQ-47
80 GOTO 30
```

Falls Sie einmal mit einem Auto oder Rennwagen auf dem Bildschirm herumfahren wollen, brauchen Sie eine entsprechende Geräusch-Untermalung. Mit dem oben stehenden Programm können Sie eine Fünfgang-Schaltung betätigen (indem Sie die RETURN-Taste drücken), wobei der Eindruck entsteht, daß der Motor ständig seine Drehzahl erhöht. Das Programm ist im Prinzip so aufgebaut wie das "Schuß"-Programm Seite 22. Die Zählvariable in Zeile 70 sorgt dafür, daß die Gangschaltung nur fünfmal betätigt werden kann. Danach ist das Programm beendet.

Tabelle 3	Verzerrung 4	
Frequenz	Charakter	Anwendung
255 253-250 248-245 243-240	dumpfes, knurrendes Rauschen	Anfangs- oder Endphase von Explosionen; Knattergeräusche
254 249 247 239	kein Ton	-
244	rhythmisches, knatterndes Rauschen	Elektronik-Fahrzeug; Roboterschritte; Begleitsound für Bewegungen aller Art
238-235 233-230	knatterndes Rauschen	"Elektrisieren"; Zusammenprall von Objekten; Anfangs- oder Endphase von Explosionen
234 224 216 209	kein Ton	-
229	wie 244	wie 244
228-225 223-220	unrhythmisches, knatterndes Rauschen	wie 255 und 238-235
219 204	wie 244	wie 244
215-210 208-205 203-195 193-170	wie 228-225	wie 228-225
169	rhythmisches, schlagendes Rauschen	riemengetriebener Motor; utopisches Maschinengewehr; Action-Geräusch; Verfolgung; Wettrennen
168-165 163-160	wie 228-225	wie 228-225
159 146 140 139	rhythmisches, schlagendes Rauschen	allgemeines Actiongeräusch; Maschine, utopisches Fluggerät

Tabelle 3	Verzerrung 4	
Frequenz	Charakter	Anwendung
164 154 149	kein Ton	-
158–155 153–150 148–147 145–141	unrhythmisches, knatterndes Rauschen	Mittelphasen von Explosion oder Rakete; Knattereffekte; "Elektrisieren"; Zusammenprall von Objekten
139	meistens kein Ton	besser nicht anwenden
138–135 133–130	knurrendes Rauschen	Knattereffekte; Mittelphasen von Explosion oder Rakete
129	rhythmisches, dumpfes Hämmern	Maschine (Fließband); allgemeines Actiongeräusch
128–125 123–120 118–117	wie 138–135	wie 138–135
116–115	wie 129	wie 129
114	oft kein Ton, sonst schnelles, rhythmisches Hämmern	besser nicht anwenden
113	rhythmisches Surren	Leerlauf Motor; Gefahr; Zusammenstoß von Objekten
112–110	wie 138–135	138–135
109 101	melodisch schlagendes Surren	Elektronik-Fahrzeug; Maschine; kleiner Motor mit niedriger Drehzahl
108–105 103–102 100	helles, unrhythmisches, knurrendes Rauschen	"Elektrisieren"; Sound bei Regelwidrigkeiten
99	rhythmisches, schlagendes Surren	wie 109
98 95 93	halbrhythmisches Surren	allgemeiner Begleitsound für bewegte Objekte
97–96 91–90 88–87	unrhythmisches Knurren	Drache; Fauchgeräusche; Zusammenstoß von Objekten

Tabelle 3	Verzerrung 4	
Frequenz	Charakter	Anwendung
92 89	meistens kein Ton	besser nicht anwenden
86 83	halbrhythmisches Knurren	keine spezifische Anwendung
85 82-81	wie 97-96	wie 97-96
84	helles, rhythmisches Surren	Actiongeräusch; Dauerfeuer; elektronische Waffen; Begleitsound für schnelle Bewegungen
80	helles, summendes Schlagen	wie 98
79 74	meistens kein Ton	besser nicht anwenden
78 76-75	unrhythmisches Rauschen	in Verbindung mit anderen Frequenzen für Explosion, Schuß
77 71	wie 84	wie 84
73-72 70	helles, unrhythmisches, knurrendes Rauschen	wie 97-96
69 65 62	schnelles, rhythmisches Surren	Maschine; Action; Bewegung; Wettrennen; Verfolgung; utopisches Fluggeräusch
68 66	langsames, schlagendes Surren	Maschine
67 63	fauchendes Rauschen	in Verbindung mit anderen Frequenzen für Explosion, Schuß und Faucheffekte
64 61 59 54	meistens kein Ton	besser nicht anwenden
60 58-57 55 52-51	unrhythmisches Rauschen	keine spezifische Anwendung
56 53	helles, schlagendes Surren	Maschinen- und Motorgeräusche

Tabelle 3	Verzerrung 4	
Frequenz	Charakter	Anwendung
50-49 47	helles, schnelles, rhythmisches Surren	Begleitsound für Gefahren- objekte; Verfolgung; Action
48 46-45 43-42 40	wie 60	keine spezifische Anwendung
44	kein Ton	-
41	helles, schneidendes Surren	Sound, um Aufmerksamkeit zu erzeugen
39 34	meistens kein Ton	besser nicht anwenden
38 35 32	rhythmisches, schneidendes Surren	Begleitsound für bewegte Objekte; Gefahrensignal
37-36	durchdringendes, rhythmisches Rauschen	in Verbindung mit anderen Fre- quenzen für Explosion, Schuß- und Rauscheffekte
33 31	sägendes Rauschen	Sound für Regelwidrigkeiten; Sound, um Aufmerksamkeit zu erhöhen; Schuß; Action
30-29 24	meistens kein Ton	besser nicht anwenden
28	sägendes Rauschen	wie 33
27 25	durchdringendes, sägendes Rauschen	wie 37-36
26 23 20	rhythmisches, sägendes Rauschen	"Bremsen"; Fehlschlag; Gefahr; Alarm;
22-21	helles, verzerrtes Surren	in kurzen Sequenzen für Schuß- geräusche elektronischer Waffen; Zusammenstoß von Objekten; Gefahrensignal
19 14	meistens kein Ton	besser nicht anwenden
18	helles, sägendes Rauschen	keine spezifische Anwendung

Tabelle 3	Verzerrung 4	
Frequenz	Charakter	Anwendung
17	wie 22-21	wie 22-21
16-15 13-12	intensives, durchdringendes, sägendes Rauschen	allgemeines Actiongeräusch
11	rhythmisches Schnarren	Sound für Regelwidrigkeiten; utopisches Fahrzeug
10	helles, rhythmisches, verzerrtes Surren	wie 11
9-8	intensives, durchdringendes Schnarren	Gefahr; Alarm
7-6	helles, intensives, klirrendes Rauschen	wie 9-8
5	helles, kräftiges Surren	Sound, um Aufmerksamkeit zu erhöhen
4	meistens kein Ton	besser nicht anwenden
3	helles, klirrendes Rauschen	wie 9-8
2	typisches Rasierapparat-Geräusch	Elektromotor; Gefahrensignal
1	wie 3	wie 3
0	wie 2, jedoch weniger intensiv	wie 2

Verzerrung 4
Anwendungs-Beispiele

```
10 DAUER=5
20 FOR LAUT=-13 TO 15
30 SOUND 0,67,4,15-ABS(LAUT)
40 SOUND 1,63,4,15-ABS(LAUT)
50 FOR ZEIT=0 TO DAUER
60 IF LAUT=14 THEN DAUER=15
70 NEXT ZEIT
80 NEXT LAUT
```

Es war schon mehrfach von Feuerdrachen die Rede. Hier nun ein Programm, mit dem Sie das Fauchen eines Drachen nachahmen können.

10: Da sich die Dauer der Verzögerungs-Schleife in Zeile 50 im Verlauf des Programms ändern soll, wird der Anfangswert in der Variable DAUER festgelegt.

20 bis 40: Die Lautstärke wird von -13 bis +15 gewählt. In Wirklichkeit kann der Computer keine Lautstärke mit einem Minus-Vorzeichen ausgeben. Der Sinn der Zeile 20 ist, die Lautstärke anschwellen und ausklingen zu lassen. Das wird in den Zeilen 30 und 40 erreicht. ABS bedeutet Absolutwert; d.h. Minuswerte erhalten positive Vorzeichen. Wenn Sie von der Lautstärke 15 den Absolutwert von -13 abziehen (also +13), dann erhalten Sie 2. Somit hat die Lautstärke im ersten Durchlauf der FOR...NEXT-Schleife den Wert 2. Beim zweiten Mal wird der Lautstärke 15 der Absolutwert von -12 abgezogen, wodurch sich der Wert 3 ergibt. Etwa zur Mitte der FOR...NEXT-Durchläufe ist der Absolutwert 0 und die Lautstärke demnach 15. Von da an nimmt sie wieder ab, bis sie bei 0 ankommt. So läßt sich das Anschwellen und Ausklingen von Lautstärke, aber auch von Frequenzwerten und Tondauer in wenigen Zeilen komfortabel steuern.

50 bis 70: Sobald die Lautstärke den Wert 14 erreicht, soll die Dauer der Verzögerungs-Schleife vergrößert werden, weil der Drache sonst zu schnell sein Feuer versprüht.

80: Schließt die Schleife zu Zeile 20.

```
10 SOUND 0,33,4,10
20 FOR Z=0 TO 15:NEXT Z
30 SOUND 0,0,0,0
40 FOR Z=0 TO 15:NEXT Z
50 GOTO 10
```

Aus der Tabelle ist zu lesen, daß die Frequenz 33 ein "sägendes Rauschen" in der Verzerrung 4 erzeugt. Mit dem oben stehenden Programm wird die Frequenz 33 in schneller Folge gespielt und ausgeschaltet. Dadurch ergibt sich ein schneller Actionsound, der als Begleitung für Gefahrenobjekte verwendet werden kann. Versuchen Sie Ihr eigenes Glück und ändern Sie die Werte für die Variable Z (ZEIT wurde hier einmal abgekürzt). Durch den Befehl GOTO 10 in Zeile 50 kehrt der Rechner immer wieder zum Anfang zurück. Durch Drücken der Taste RESET können Sie das Programm unterbrechen.

```
10 DIM FREQ(2)
20 FREQ(0)=20
30 FREQ(1)=32
40 FREQ(2)=41
50 FOR OFT=0 TO 10
60 FOR X=0 TO 2
70 SOUND 0,FREQ(X),4,15
80 FOR ZEIT=0 TO 15:NEXT ZEIT
90 SOUND 0,0,0,0
100 FOR ZEIT=0 TO 15:NEXT ZEIT
110 NEXT X
120 NEXT OFT
```

Dieses Programm erzeugt ebenfalls ein schnelles Actiongeräusch, das für allgemeine Gefahrensituationen eingesetzt werden kann. Hier wurden drei Frequenzen gewählt, die in ihrem Charakter ähnlich, in der Tonhöhe jedoch verschieden sind (s. Tabelle). Diese drei Frequenzen werden in Zeile 10 indiziert; in den Zeilen 20 bis 40 wird dann jedem Index ein Wert zugewiesen. Zeile 50 läßt das Programm elfmal wiederholen. Mit Zeile 60 werden die indizierten Variablen aufgerufen und in Zeile 70 gespielt. Zwischen den Verzögerungs-Schleifen in 80 und 100 wird der Tonkanal immer wieder kurz abgeschaltet. Versuchen Sie dieses Programm auch mit dem Wert 20 für die Variable ZEIT.

Tabelle 4	Verzerrung 6	
Frequenz	Charakter	Anwendung
255-248	dumpfes, rhythmisches Knurren	Begleitsound für Bewegung technischer Objekte (z.B. Roboter)
247	kein Ton	-
246-217	wie 255-248	wie 255-248; Maschinen; utopische Waffen
216	kein Ton	-
215-186	wie 255-248, jedoch schneller und heller	Sound für Regelwidrigkeiten; schwerer Motor niedriger Drehzahl
185	kein Ton	-
184-155	intensives, rhythmisches Surren	sehr elektronisch klingender Sound; utopische Flug- oder Fahrgeräusche; Weltraum-Hintergrund-Geräusch
154	kein Ton	-
153-124	schnelles, hämmerndes, rhythmisches Surren	wie 184-155
123	meistens kein Ton	besser nicht anwenden
122-93	helles, schnelles, rhythmisches Surren	Warnsignal; Sound, um Aufmerksamkeit zu erhöhen; Verfolgung; bewegungsreiche Action
92	kein Ton	-
91-62	hämmerndes, rhythmisches Surren	Motor mittlerer Drehzahl; Sound für Regelwidrigkeiten; Laserstrahl-Waffen
61	meistens reines "C"	keine spezifische Anwendung
60-43	schneidendes, sägendes Surren	Motor hoher Drehzahl; Gefahr; Sound, um Aufmerksamkeit zu erhöhen; Laserstrahl-Waffen; Begleitsound für unangenehme Objekte
42-31	helles, durchdringendes, verzerrtes Summen	wie 60-43
30	oft unverzerrter Klang	keine spezifische Anwendung

Tabelle 4	Verzerrung 6	
Frequenz	Charakter	Anwendung
29-17	helles, verzerrtes, sägendes Summen	sehr elektronischer Sound; allgemeine Fahr-, Flug- und Bewegungsgeräusche; Alarmsignal; gut in Verbindung mit anderen Soundeffekten zu verwenden
16-9	wie 29-17	wie 29-17, jedoch in Verbindung mit kleineren Objekten
8-2	halbmelodisch-halbverzerrtes Summen	beste Anwendung in Verbindung mit anderen Soundeffekten (Gefahrenobjekte, Roboter, Flug- und Fahrgeräusche); sonst Signal für unverhoffte Situationen
1-0	helles Piepsen	keine spezifische Anwendung

Verzerrung 6
Anwendungs-Beispiele

```
10 FOR FREQ=0 TO 255
20 SOUND 0,FREQ,6,10
30 NEXT FREQ
```

Dieses Programm ist nichts weiter als der einfache Durchlauf aller Frequenzen mit Hilfe einer FOR...NEXT-Schleife. Trotzdem ist der Effekt interessant. Man kann ihn einsetzen, wenn ein Objekt fauchend über den Bildschirm sausen soll.

```
10 FOR FREQ=29 TO 17 STEP -1
20 SOUND 0,FREQ,6,10
30 FOR ZEIT=0 TO 20:NEXT ZEIT
40 NEXT FREQ
50 GOTO 10
```

Das abgehackte, sägende Surren, das mit diesem Programm erzielt wird, ist ein herrlicher Begleitsound für ein "sehr aufdringliches Objekt". Natürlich können Sie auch hier die Angaben für das Frequenz-Spektrum und die Tondauer (ZEIT) nach Belieben verändern.

(Kommentar zum Programm Seite 36)

10: Mit der FOR...NEXT-Schleife werden die Frequenzen 29 bis 17 aufgerufen.

20: Die aktuelle Frequenz wird gespielt.

30: Eine Verzögerungs-Schleife sorgt dafür, daß der Programmdurchlauf nicht zu schnell beendet wird.

40: Die nächste Frequenz wird aufgerufen.

50: Führt zum Anfang zurück. Das Programm kann durch Drücken von RESET unterbrochen werden.

```
10 FOR FREQ=16 TO 0 STEP -1
20 SOUND 0,FREQ,6,10
30 FOR ZEIT=0 TO 20:NEXT ZEIT
40 NEXT FREQ
```

Dieses kurze Programm ist ähnlich aufgebaut wie das vorhergehende. Die Effekte sind jedoch sehr unterschiedlich. Sie hören hier ein typisches Video-Spiel-Geräusch, das z.B. in Flipper-Programmen, bei Punktgewinn oder -verlust eingesetzt werden kann.

```
10 FOR FREQ=-8 TO 8
20 SOUND 0,ABS(FREQ),6,10
30 NEXT FREQ
40 GOTO 10
```

Mit diesem Anwendungs-Beispiel erhalten Sie ein sehr intensives Actiongeräusch. So wie in früheren Beispielen Absolutwerte der Lautstärke gespielt wurden, so werden hier die Absolutwerte der Frequenzen gespielt.

Tabelle 5	Verzerrung 8	
Frequenz	Charakter	Anwendung
255-210	dumpfes, unrhythmisches, verzerrtes, knurrendes Rauschen	in Verbindung mit anderen Frequenzen für Anfangs- und Endphasen von Explosionen, Erdbeben, Raketenstart; sonst allgemeine, unregelmäßige Rauschgeräusche
209-150	verzerrtes, schnarrendes unrhythmisches Rauschen	wie 255-210 "Elektrisieren"; Sound für Regelwidrigkeiten; Zusammenprall von großen, langsam bewegten Objekten
149-120	verzerrtes, fauchendes, knurrendes Rauschen	Donner-, Fauch- und Rauschgeräusche; am besten in Verbindung mit anderen Soundeffekten
119-90	helles, unrhythmisches, verzerrtes, knatterndes Rauschen	wie 149-120 Sound für Regelwidrigkeiten; "Gegen die Wand rennen"
89-60	wie 119-90, jedoch heller	in kurzen Sequenzen sehr gut für fauchende Schußgeräusche; Mittelphase von Explosion und Raketenstart; allgemeine Fauch- und Rauschgeräusche
59-30	verzerrtes, zischendes Rauschen	wie 89-60
29-10	intensives, helles, fauchendes Rauschen	wie 89-60
9-2	intensives, helles Zischen	Zischeffekte
0-1	wie 9-2, jedoch schwächer	besser nicht anwenden

Verzerrung 8
Anwendungs-Beispiele

```
10 FOR FREQ=0 TO 59
20 SOUND 0,FREQ,8,10
30 NEXT FREQ
```

Dieses Programm erzeugt ein fachendes Schußgeräusch.

```
10 FOR LAUT=-10 TO 15
20 SOUND 0,149,8,15-ABS(LAUT)
30 SOUND 1,120,8,15-ABS(LAUT)
40 SOUND 2,135,8,15-ABS(LAUT)
50 FOR ZEIT=0 TO 5:NEXT ZEIT
60 NEXT LAUT
```

Vom Feuerdrachen war schon bei den Anwendungs-Beispielen der Verzerrung 4 die Rede. Aber auch in der Verzerrung 8 läßt sich ein sehr gutes "Feuerfauchen" erzeugen. Gegenüber dem Beispiel auf Seite 32 klingt dieses Programm noch "atmender".

```
10 FOR LAUT=15 TO 0 STEP -1
20 SOUND 0,9,8,LAUT
30 FOR ZEIT=0 TO 5:NEXT ZEIT
40 NEXT LAUT
```

Dieses Programm erzeugt einen hell zischenden Schuß. Mit der FOR...NEXT-Schleife aus Zeile 10 reduziert sich die Lautstärke bis auf Null. Den Wert 5 aus der Verzögerungs-Schleife in Zeile 30 können Sie nach eigenem Geschmack verändern.

```
10 FOR F=0 TO INT(80*RND(0))
20 L1=RND(0)*12+3
30 L2=RND(0)*12+3
40 SOUND 0,F,8,L1
50 SOUND 1,F+10,8,L2
60 NEXT F
70 GOTO 10
```

Mit diesem Programm erleben Sie ein schreckliches Unwetter. Dazu werden zwei Tongeneratoren aktiviert, die zufällige Frequenzen und Lautstärken spielen.

(Kommentar zum Programm Seite 39)

10: RND(0) erzeugt Zufallszahlen zwischen 0 und 1. Die Anweisung 80*RND(0) bringt demnach Zufallszahlen zwischen 0 und 79. Da die vom Computer errechnete Genauigkeit von acht Stellen hinter dem Komma für die Frequenzangabe nicht nötig ist, wird durch die numerische Funktion INT (Integer) der erzeugte Zufallswert ganzzahlig ausgegeben. In Zeile 10 wird also erreicht, daß der Rechner bei jedem neuen Programmdurchlauf (s. Zeile 70) einen neuen Frequenzwert annimmt. Dadurch wird eine Unregelmäßigkeit der Blitz- und Donnergeräusche gewährleistet.

20: L1 ist die Lautstärke für den ersten Tonkanal. Sie wird ebenfalls zufällig generiert. Sie sehen hier eine andere Schreibweise des RANDOM-Befehls. Es wurde dabei auf Integer verzichtet und die Multiplikation hinter RND(0) gesetzt. Es bleibt ganz Ihnen überlassen, wie Sie die Anweisung schreiben. Das Ergebnis ist immer das Gleiche. Durch +3 wird erreicht, daß grundsätzlich zu allen zufällig erzeugten Lautstärken 3 hinzugerechnet wird. Das vermeidet die Lautstärke 0, bei der gar nichts zu hören wäre.

30: Auch für den zweiten Tonkanal wird die Lautstärke zufällig generiert.

40 und 50: Die aktuelle Frequenz wird in der aktuellen Lautstärke gespielt. Der zweite Tonkanal nimmt dabei immer einen Frequenzwert, der um 10 höher liegt, als der des ersten Kanals.

60: Die nächste Frequenz wird aufgerufen.

70: Führt zum Anfang des Programms zurück.

Tabelle 6	Verzerrung 12	
Frequenz	Charakter	Anwendung
255	dumpfes, schlagendes Surren	Begleitsound für Bewegung schwerer Objekte
254	kein Ton	-
253-252 250	dumpfes, hämmerndes Surren	allgemeiner Sound für Bewegung
251 247-246 243 241-240	schnelles, schnarrendes Surren	Signal, um Aufmerksamkeit zu erhöhen
249-248 245-244 242	verzerrtes Brummen	allgemeine Brummgeräusche
239	kein Ton	-
238-237 235 232-231	hämmerndes Schnarren	Begleitsound für Bewegung technischer Objekte
236	intensives, verzerrtes Brummen	Sound für Regelwidrigkeiten; utopische Flug- oder Fahrgeräusche
234-233	halbmelodisches Summen	Flug- oder Fahrgeräusche
230	dumpfes, verzerrtes Schnurren	bei geringer Lautstärke Flug- oder Fahrgeräusche; Dauer-Hintergrundsound für Weltraum
229	wie 234-233	wie 234-233
228 226-225 223-222	schnatterndes Schnarren	keine spezifische Anwendung
227	wie 236	wie 236
224	kein Ton	-
221	verzerrtes Brummen	wie 230
220	wie 228	keine spezifische Anwendung
219-218 215-214	halbmelodisches Summen	Flug- oder Fahrgeräusch; Sound für Maschinen; Motor hoher Drehzahl

Tabelle 6	Verzerrung 12	
Frequenz	Charakter	Anwendung
217-216 213	rhythmisches Knattern	Sound für Regelwidrigkeiten
212 206 203	rhythmisches, schnurrendes Summen	große Flugzeuge oder Schiffe
211-210 208-207 206-205 202-201	hämmerndes Schnattern	keine spezifische Anwendung
209 204 199	meistens kein Ton	besser nicht anwenden
200 197	verzerrtes Brummen	Signal, um Aufmerksamkeit zu erhöhen
198 196-195 193-192 190	rhythmisches, schlagendes Brummen	allgemeine Bewegungen
194	kein Ton	-
191	wie 200	wie 200
189-188 185 182	halbmelodisches Summen	Schiffssirene; elektrische Maschinen
187-186 183 181-180	wie 198	wie 198
184 179	meistens kein Ton	besser nicht anwenden
178-177 175 172-171	schnelles, rhythmisches Surren	Begleitsound für bedrohliche Objekte
176 173 170	halbmelodisches Summen	wie 189-188
174	kein Ton	-

Tabelle 6	Verzerrung 12	
Frequenz	Charakter	Anwendung
169	typisches Elektromotor-Geräusch	Elektromotor; Sound, um Aufmerksamkeit zu erhöhen; Sound für Regelwidrigkeiten; Begleitsound für bewegte Objekte
168 166-165 163-162	hämmerndes Brummen	keine spezifische Anwendung
167 161	halbmelodisches Summen	Begleitsound für große, bewegte Objekte
164	kein Ton	-
160 157-156	wie 168	keine spezifische Anwendung
159	wie 169	wie 169
158 155 152	dumpfes Brummen	bei geringer Lautstärke Begleitsound für Bewegung großer Objekte
154	melodisches Summen	elektrische Maschinen
153 151-150 148-147 145	intensives, rhythmisches Hämmern	Sound für Regelwidrigkeiten
149 146 144-143	meistens kein Ton	besser nicht anwenden
142-141 138 136-135 133-132 130	schnurrendes Hämmern	utopisches Schußgeräusch
140 137 131	elektronisches Summen	wie 154
139 134	meistens kein Ton	besser nicht anwenden
129	helles, halbmelodisches Summen	Signal, um Aufmerksamkeit zu erhöhen

Tabelle 6	Verzerrung 12	
Frequenz	Charakter	Anwendung
128	wie 140	wie 154
127-126 123 121-120	rhythmisches, hämmerndes Surren	Sound für Regelwidrigkeiten; "gegen die Wand rennen"
125-124 122	vollklingendes Summen	Schiffssirene; Begleitsound für harmlose Objekte
119	kein Ton	-
118-117 115 112-111 108 106-105	wie 127-126	wie 127-126
116 114-113 110-109 107	intensives, vollklingendes Summen	allgemeiner Belgeitsound für Bewegung; Sirene; Maschine
104	kein Ton	-
103-102 100 97-96 93 91-90	rhythmisches, surrendes Summen	Motor niedriger Drehzahl; Flug- oder Fahrgeräusche
101 99-98 95-94 92	melodisches, halbverzerrtes Summen	Signal, um Aufmerksamkeit zu erhöhen; bei geringer Lautstärke Flug- oder Fahrgeräusch kleiner Objekte
89	kein Ton	-
88-87 85 82-81 78 76-75	halbverzerrtes, rhythmisches Schnarren	Motor mittlerer Drehzahl; Maschinengeräusche
86 83 80 77	wie 101	wie 101

Tabelle 6	Verzerrung 12	
Frequenz	Charakter	Anwendung
84 79	helles Summen	keine spezifische Anwendung
74	kein Ton	-
73-72 70 67-66 63 61-60	wie 88-87	wie 88-87
71 69-68 65-64 62	helles Summen	bei geringer Lautstärke Signal für "Gefahr im Anmarsch"
59	kein Ton	-
58-57	intensives Surren	Motor höherer Drehzahl
56 53 50-49 47	melodisches Summen	Begleitsound für Bewegung kleiner Objekte
55 52-51 48 46-45	helles, knurrendes Summen	utopische Schußwaffen; Gefahr; Sound für Regelwidrigkeiten; Zusammenprall von Objekten
54 44	meistens kein Ton	besser nicht anwenden
43-42	wie 55	wie 55
41 39-38 35-34 32	helles, singendes Summen	kleine Maschinen; in geringer Lautstärke Hintergrundsound bei technischen Spielen
40 37-36 33 31-30	intensives Surren	elektrische Maschinen
29	kein Ton	-
26 24-23	helles, singendes Surren	kleine Maschinen

Tabelle 6	Verzerrung 12	
Frequenz	Charakter	Anwendung
20-19 17	helles, singendes Surren	kleine Maschinen
16-15	helles Summen	Gefahrensignal; Elektromotor
14	kein Ton	-
13-12 10	intensives, helles Summen	Signal, um Aufmerksamkeit zu erhöhen
11 9-0	abgeschwächtes Piepsen	keine spezifische Anwendung

Verzerrung 12
Anwendungs-Beispiele

```
10 LAUT=15
20 FOR FREQ=0 TO 50
30 SOUND 0,FREQ,12,LAUT
40 FOR ZEIT=0 TO 20:NEXT ZEIT
50 LAUT=LAUT-0.25
60 NEXT FREQ
```

Dieser Soundeffekt läßt sich gut zur Beendigung eines Spiels einsetzen, wenn der Spieler eine Niederlage hinnehmen mußte. Mit der FOR...NEXT-Schleife in Zeile 20 werden die Frequenzen 0 bis 50 abgespielt, während sich in Zeile 50 die Lautstärke reduziert (bei jedem vierten Durchlauf um Eins).

```
10 FOR LAUT=-10 TO 10
20 SOUND 0,253,12,15-ABS(LAUT)
30 SOUND 1,219,12,5
40 FOR ZEIT=0 TO 10:NEXT ZEIT
50 NEXT LAUT
60 GOTO 10
```

Dieses Programm erzeugt einen schwebenden und sehr elektronisch klingenden Sound. Er kann als Begleitung für sonderbare Objekte genommen werden, von denen eine Bedrohung ausgeht.

Der klingende Joystick

Bei allem Spaß, den man mit den Anwendungs-Beispielen des letzten Kapitels haben kann: Nur mit "Trockenübungen" ist kein Spiel zu machen. (Genau. Wann geht's denn endlich los?) Wir sind fast mitten drin; aber es gibt nicht nur alte Programmierhasen, sondern auch Neulinge, die sich freuen, wenn ihnen BASIC-Schonkost vorgesetzt wird.

Computerspiele sind besonders attraktiv, wenn neben den grafischen Ereignissen auf dem Bildschirm auch Sounds bei Joystick-Bewegungen entstehen. Man stelle sich Pac-Man ohne eilige Laufschritte und genüßliche Schluckgeräusche vor. (Gräßlich! Langweilig!) So ist es. Sounds in Spielen sind wie die Rosinen im Kuchen. (Und in diesem Kapitel wird nun gezeigt, wie man mit Joysticks einen klingenden Computerkuchen backen kann?) So könnte man es sagen.

Die alten ATARI-Modelle haben vier Eingänge (Ports) für Joysticks; die neuen zwei. Abgefragt werden sie alle gleich: die Bewegung des Steuerknüppels mit STICK(x) und die Betätigung des Knopfes mit STRIG(x). Für (x) muß ein Wert von 0 bis 3 eingesetzt werden; abhängig davon, welcher Port benutzt wird.

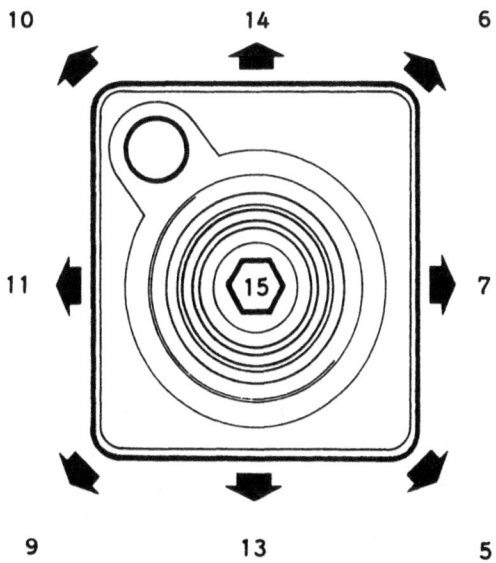

Je nach Richtung nimmt STICK(x) den Wert an, den die Abbildung zeigt. Bei gedrücktem Knopf ist STRIG(x)=0, sonst =1.

Im allgemeinen bewegt man mit dem Steuerknüppel eine Figur auf dem Bildschirm, während durch den Knopf ein Schuß ausgelöst, eine Tür geöffnet, ein Gegenstand bewegt, ein Sprung durchgeführt wird usw. Die Möglichkeiten sind praktisch unbegrenzt.

Hier ein Universalprogramm zur Steuerung einer Figur mit dem Joystick. Bei jeder Bewegung ertönt ein Sound. Nach diesen Prinzipien können Sie eigene Ideen entwickeln und verwirklichen. Auch die Spiele weiter hinten im Buch basieren auf dem hier gezeigten Grundmuster.

```
10 GRAPHICS 5+16
20 SETCOLOR 4,3,14
30 SETCOLOR 0,10,8
40 H=40:V=20
50 JOY=STICK(0)
60 IF JOY=15 THEN SOUND 0,0,0,0
70 IF JOY<>15 THEN SOUND 0,80,4,15
80 IF JOY=7 AND H<79 THEN H=H+1
90 IF JOY=11 AND H>0 THEN H=H-1
100 IF JOY=13 AND V<47 THEN V=V+1
110 IF JOY=14 AND V>0 THEN V=V-1
120 IF STRIG(0)=0 THEN GOSUB 200
130 COLOR 1:PLOT H,V
140 FOR ZEIT=0 TO 15:NEXT ZEIT
150 COLOR 0:PLOT H,V
160 GOTO 50
200 FOR F=0 TO 59
210 SOUND 0,F,8,15
220 NEXT F
230 RETURN
```

10: Die Grafikbetriebsart 5 wird ohne Textfenster gewählt. Auf weitere Einzelheiten des Grafik-Bereichs kann hier nicht eingegangen werden. Dieses Thema wird jedoch ausführlich in dem Buch "ATARI: Spiele programmieren - Schritt für Schritt" von Karl-Heinz Koch behandelt, das ebenfalls im Birkhäuser Verlag erschienen ist.

20: SETCOLOR 4 wählt die Farbe für den Hintergrund.

30: SETCOLOR 0 stellt die erste Zeichenfarbe zur Verfügung, die mit COLOR 1 in Zeile 130 auf den Bildschirm gebracht wird. Mit SETCOLOR 1 können Sie eine weitere Farbe wählen und mit COLOR 2 zeichnen.

40: Mit H=40 wird die horizontale Anfangs-Position des Spielcursors festgelegt. Die Variable V ist die vertikale Anfangs-Position.

50: Für dieses Programm muß ein Joystick am ersten Port des Computers angeschlossen werden. Mit der Variable JOY wird die Bewegung des Steuerknüppels abgefragt.

60: "Wenn JOY=15 (Ruhestellung), dann schalte den Tonkanal ab."

70: "Wenn JOY<>15(Bewegung), dann spiele den angegebenen Sound."

80 bis 110: In diesen Zeilen werden jeweils zwei Bedingungen abgefragt. Zeile 80 z.B. würde in deutsch lauten: "Wenn JOY=7 (Steuerknüppel nach rechts) und die Horizontal-Position <79 ist, dann zähle der Horizontal-Position Eins hinzu." Durch die AND-Verknüpfung wird die Zeile nur ausgeführt, wenn beide Bedingungen zutreffen. In GRAPHICS 5 ist der Wert 79 die höchste zulässige Bildschirm-Position. Alles weitere führt zu der Fehlermeldung ERROR - 3 (= Zahlenbereich falsch). Das Gleiche gilt, wenn ein Wert unter Null erreicht wird.

120: "Wenn der Knopf gedrückt wird (Wert = 0), dann gehe ins Unterprogramm 200."

130: Wie bei Zeile 30 bereits erklärt, zeichnet COLOR 1 die Farbe von SETCOLOR 0. PLOT H,V bringt einen quadratischen Punkt an die aktuelle Bildschirm-Position. Dieser PLOT ist der Spielcursor.

140: Eine Verzögerungs-Schleife, die dafür sorgt, daß der Cursor nicht zu schnell über den Bildschirm saust.

150: COLOR 0 zeichnet in der Hintergrundfarbe von SETCOLOR 4 (Zeile 20). Mit PLOT H,V wird der zuvor in Grün gezeichnete Cursor in der Hintergrundfarbe überPLOTtet. Der Sinn dieser Übung ist ganz einfach: Würde man den Cursor nicht auf diese Weise löschen, entständen bei der Bewegung Balken auf dem Bildschirm. Sie können das ausprobieren, indem Sie die Zeile 150 einfach einmal weglassen.

160: Führt zur neuen Abfrage der Joystickbewegungen zurück. Ohne diese Zeile würde der Rechner das Programm nur einmal durchlaufen und ein freundliches READY ausgeben.

200 bis 230: Bei Betätigung des Knopfes wird ein Schußeffekt abgespielt. In diesem Fall wurde das Anwendungs-Beispiel von Seite 39 genommen. Damit haben Sie den ersten praktischen Nutzen der komfortablen Soundmöglichkeiten des ATARI.

(Ach, war das schön!) Es kommt noch besser. (Etwa mit dem nächsten Programm?) Ja, denn bisher wurde unser geduldiger Spielcursor nur horizontal und vertikal bewegt. Die ATARI-Joysticks bieten aber auch eine diagonale Steuerungsmöglichkeit. Nun könnte man das Programm von Seite 46 ergänzen mit so langweiligen Zeilen wie:

IF JOY=6 AND H<79 AND V>0 THEN H=H+1:V=V-1

Das wäre nämlich alles notwendig, um fehlerlos diagonal in die rechte obere Ecke zu gelangen. Für die anderen Diagonalrichtungen müßten ähnlich aufwendige Zeilen geschrieben werden. (Das haben wir aber nicht nötig, oder?) Nein, das haben wir nicht nötig.

Es gibt nämlich Boolesche Operatoren. (Ist das etwa der irische Mathematiker, der im 19. Jahrhundert lebte?) Genau der. Die Booleschen Operatoren sind AND, OR und NOT. AND wurde schon verwendet; mit der logischen Verknüpfung OR (= ODER) kann man die Joystickbewegungen aller Richtungen in nur vier Zeilen unterbringen. Tauschen Sie die Zeilen 80 bis 110 im vorherigen Programm durch folgende Zeilen aus:

```
80  IF H<79 THEN H=H+((JOY=5) OR (JOY=6) OR (JOY=7))
90  IF H>0 THEN H=H-((JOY=9) OR (JOY=10) OR (JOY=11))
100 IF V<47 THEN V=V+((JOY=5) OR (JOY=9) OR (JOY=13))
110 IF V>0 THEN V=V-((JOY=6) OR (JOY=10) OR (JOY=14))
```

Zum besseren Verständnis blättern Sie am besten ein paar Seiten zurück und sehen sich die Werte auf der Abbildung des Joysticks noch einmal an. (Ist geschehen.) Gut. In Zeile 80 sind alle Bewegungen zusammengefaßt, bei denen die horizontale Position des Cursors um Eins erhöht werden soll; JOY=5, JOY=6 und JOY=7. In Zeile 90 sind alle Bewegungen zusammengefaßt, bei denen die horizontale Position um Eins vermindert werden soll. Für die vertikalen Bewegungen sind die möglichen Werte in den Zeilen 100 und 110 zusammengefaßt.

Die Zahlen selbst, die hinter der Variable JOY stehen, werden bei dieser Verknüpfung nicht weiter berücksichtigt. Es interessiert nur, ob eine oder mehrere der abgefragten Bedingungen zutrifft. In diesem Fall ist sie im Sinne der Booleschen Gleichung "wahr". Dadruch wandelt sich das Zählbit für die Variable H oder V aus dem Wert 0 in eine 1. Wenn z.B. der Steuerknüppel nach oben gedrückt wird, tirfft die Bedingung (JOY=14) zu; sie ist "wahr". Also wird die Horizontal-Position um Eins vermindert. Alle anderen Bedingungen treffen nicht zu; sie sind "unwahr" und damit = 0. (Also "Sein oder Nicht-Sein" ist hier die Frage?) Genau. Auch die Philosophen haben sich an Boole orientiert. (Und was ist mit NOT?) NOT negiert die Wahrheit (oder Unwahrheit). Wenn z.B. eine Bedingung "wahr" ist und ein NOT vorgeschaltet wird, gilt sie wieder als "unwahr" und umgekehrt. Sie können das im Porgramm einmal praktisch ausprobieren:

```
60 IF  NOT JOY=15 THEN SOUND 0,0,0,0
```

Sobald Sie den Joystick bewegen ertönt wie gewohnt der Sound aus Zeile 70. Er hört aber in Ruhestellung nicht wieder auf, weil die "Wahrheit" für die Bedingung der Ruhestellung (JOY=15) durch NOT negiert wird. Somit ist sie nicht mehr "wahr" und der Tonkanal rumpelt munter weiter. Versuchen Sie noch folgendes Beispiel:

```
60 IF  NOT JOY<>15 THEN SOUND 0,0,0,0
70 IF  NOT JOY=15 THEN SOUND 0,80,4,15
```

Jetzt hören Sie gar nichts mehr, weil der Rechner bei Bewegung keinen Ton hat, den er einschalten könnte und in Ruhestellung durch die Negierung der Soundeffekt unterdrückt wird.

(Ich glaub', mich knutscht ein Elch OR ein Pferd!") Das ist NICHT WAHR!

Was Sie wissen müssen: Neben den neun Stellungen, die ein Joystick einnehmen kann (acht Richtungen und Ruhestellung), lassen sich durch verknüpfte Abfrage von Steuerknüppel und Knopf weitere neun Steuerfunktionen durchführen; z.B. IF JOY=14 AND STRIG(0)=0 THEN...

Tönende Tasten

Alle Steuerungen, die mit dem Joystick möglich sind, lassen sich auch über die Tastatur durchführen. Man muß dazu den Datenkanal zur Tastatur öffnen. (Muß?) Na ja, nicht unbedingt. Eingaben sind auch mit dem INPUT-Befehl möglich. Aber bei INPUT-Eingaben wartet der Rechner immer erst auf das Drücken der RETURN-Taste, bevor er mit dem Programm fortfährt. Das ist umständlich.

Wird dagegen der Datenkanal zur Tastatur geöffnet, verarbeitet der Rechner die Eingaben sofort. Das ist praktisch. Die BASIC-Anweisung hierzu lautet:

OPEN #1,4,0,"K:"

Mit dem folgenden Befehl können dann die Eingaben gemacht werden:

GET #1,A

Wenn Sie diese beiden Statements in einem Programm verwenden und nach RUN eine Taste drücken, registriert der Rechner den sog. ASCII-Code (s. Anhang B) der Taste bzw. des betreffenden Zeichens. Der ASCII-Code für den Buchstaben A ist z.B. 65, für B 66 usw. bis zum Z, das den ASCII-Code 90 hat. (Und wann wird endlich geschossen?) Jetzt!

```
10 OPEN #1,4,0,"K:"
20 GET #1,A
30 IF A<>65 THEN GOTO 20
40 FOR F=0 TO 59
50 SOUND 0,F,8,10
60 NEXT F
70 SOUND 0,0,0,0
80 GOTO 20
```

10: Der Datenkanal zur Tastatur wird eröffnet.

20: Die Abfrage nach dem gedrückten ASCII-Zeichen.

30: Wenn die gedrückte Taste nicht dem ASCII-Code 65 (Buchstabe A) entspricht, dann gehe zurück zur Zeile 20.

40 bis 60: Wenn die Taste A gedrückt wird, ertönt ein Schuß.

70: Nach dem Schuß wird der Tonkanal wieder abgeschaltet.

Nach diesem Prinzip können Sie die oberste Buchstabenreihe
Ihres ATARI mit den Tönen einer Oktave belegen:

```
10 OPEN #1,4,0,"K:"
20 GET #1,A
30 IF A=81 THEN F=122
40 IF A=87 THEN F=108
50 IF A=69 THEN F=97
60 IF A=82 THEN F=91
70 IF A=84 THEN F=81
80 IF A=89 THEN F=72
90 IF A=85 THEN F=65
100 IF A=73 THEN F=61
110 SOUND 0,F,10,10
120 FOR Z=0 TO 100:NEXT Z
130 SOUND 0,0,0,0
140 GOTO 20
```

Wenn Sie nach RUN die Tasten Q,W,E,R,T,Z,U oder I drücken, erklingen die entsprechenden Frequenzen 122, 108 usw. Das Programm erzeugt einen normalen Orgelton. (Damit geben wir uns aber nicht zufrieden, oder?) Nein, natürlich nicht. Es müssen nur die Zeilen 110 bis 150 wie nachfolgend geändert werden; dann erhält man einen elektrischen Klavier-Sound:

```
110 FOR L=15 TO 0 STEP -0.5
120 SOUND 0,F,10,L
130 NEXT L
140 SOUND 0,0,0,0
150 GOTO 20
```

Die Verzögerungs-Schleife entfällt hierbei. Dafür wird die Lautstärke reduziert, was einen Klavierton künstlich nachahmt. Sie können den Wert STEP -0.5 beliebig ändern. STEP -0.1 sorgt z.B. dafür, daß der Ton wesentlich länger ausklingt. (Hört sich ja toll an!) Das ist noch gar nichts. Mit dem ATARI kann man ganz leicht einen echten Wah-Wah-Effekt programmieren. (Ich werd' verrückt. Wie denn?) So:

```
110 FOR L1=15 TO 5 STEP -2
120 FOR L2=-5 TO 5
130 SOUND 0,F,10,L1-ABS(L2)
140 NEXT L2
150 NEXT L1
160 SOUND 0,0,0,0
170 GOTO 20
```

Für den Wah-Wah-Effekt werden zwei FOR...NEXT-Schleifen ineinander verschachtelt. Durch die Zeile 110 nimmt die Lautstärke L1 fortwährend um 2 ab. Beim ersten Druchlauf ist der Wert 15. Durch die zweite FOR...NEXT-Schleife wird L1 nacheinander 5,4,3,2,1,0,1,2,3,4,5 abgezogen. Danach wiederholt sich das Ganze mit dem neuen L1-Wert 13; dann mit 11 usw. Mit dieser Programmstruktur erzielen Sie einen wunderbaren Wah-Wah-Effekt.

Sicher werden Sie schon festgestellt haben, daß die Tasten des ATARI beim Drücken einen kurzen Kontrollton abgeben. Solange man Programme schreibt, ist das ganz nützlich. Beim Orgelspielen stört dieses dauernde Klicken jedoch. Bei den neuen ATARI-Modellen können Sie den Kontrollton durch POKE 731,255 abstellen (Normalzustand POKE 731,0).

Alle bisherigen Beispielprogramme für die Orgel haben ein Problem. (Ach je, jetzt kommt der berühmte Haken.) Ja, die Tondauer wird immer durch eine Verzögerungs-Schleife oder andere FOR...NEXT-Schleifen bestimmt. Richtiger Spaß entsteht aber erst, wenn die Töne so lange erklingen, wie eine Taste gedrückt wird. Das ist mit dem GET-Befehl nicht zu machen. Zum Glück gibt es eine andere Lösung.

Das Register 764 speichert, welche Taste zuletzt gedrückt wurde. Allerdings sind dies keine ASCII-Werte, sondern ein "geheimnisvoller" Tastatur-Code. Im Anhang C finden Sie die einzelnen Werte, die der Rechner in diesem Register speichern kann. Damit läßt sich in verschiedener Weise gut arbeiten (Anwendungen für den Spiel- und Grafikbereich finden Sie in dem Buch "ATARI: Spiele programmieren - Schritt für Schritt" von Karl-Heinz Koch). Hier in diesem Buch wird mit Hilfe dieses Registers eine Echtzeit-Orgel verwirklicht.

Behilflich ist dabei ein zweites Register mit der vielsagenden Bezeichnung KEYDEL (Adresse 753). In ihm wird registriert, ob eine Taste gedrückt oder nicht gedrückt ist. Im ersten Fall steht in dem Register eine 3, im zweiten eine 0. Mit dem folgenden Programm können Sie durch Drücken der Tasten Q und W die Frequenzen 122 und 108 so lange spielen, wie die Tasten gedrückt sind:

```
10 A=PEEK(764)
20 B=PEEK(753)
30 IF B=0 THEN GOTO 100
40 IF A=47 THEN F=122
50 IF A=46 THEN F=108
60 SOUND 0,F,10,10
70 GOTO 10
100 SOUND 0,0,0,0
110 GOTO 10
```

10: Durch PEEK wird das Register 764 abgefragt und der entsprechende Wert der Variable A zugewiesen.

20: Der Wert aus Register 753 wird der Variable B zugeordnet.

30: "Wenn keine Taste gedrückt ist (in Register 753 eine 0 steht), dann gehe zur Zeile 100."

40 und 50: Wenn die Taste Q gedrückt wird, soll der Frequenzwert = 122 sein. Durch Drücken der Taste W nimmt die Frequenz-Variable den Wert 108 an.

60 und 70: Die gewählte Frequenz wird mit Zeile 60 gespielt; Zeile 70 führt ins Programm zurück.

100 und 110: Wenn keine Taste gedrückt ist, wird der Tonkanal abgeschaltet.

Nach diesem Prinzip ist das nachfolgende, umfangreiche Programm aufgebaut. Sie bekommen damit eine Echtzeit-Orgel, die ein-, zwei- oder dreistimmig spielen kann.

```
10 REM ECHTZEIT-ORGEL
20 GRAPHICS 1+16:SETCOLOR 4,0,0
30 SETCOLOR 0,3,10:SETCOLOR 1,8,10
40 SETCOLOR 2,15,14:SETCOLOR 3,10,10
50 DIM A$(15),B$(15)
60 Z=4
100 READ X
110 IF X=-1 THEN SP=0:Z=Z+3:GOTO 100
120 IF X=-2 THEN SP=0:Z=Z+8:GOTO 100
130 IF X=-3 THEN GOTO 160
140 COLOR X:PLOT SP,Z
150 SP=SP+1
155 GOTO 100
160 A$="KL SEKUNDE"
170 B$=A$
200 POKE 732,0
210 D=1664:POKE D,0
220 G=1.05946:G1=G:G2=G
250 S=1:L1=10:L2=10:L3=10
260 GOTO 1100
300 A=PEEK(764)
310 B=PEEK(753)
320 C=PEEK(53279)
330 E=PEEK(732)
350 IF B=0 THEN GOTO 1000
400 IF E=17 THEN GOTO 1100
```

```
410 IF C=3 THEN POKE D,0
420 IF C=5 THEN POKE D,100
430 IF C=6 THEN POKE D,200
500 IF A=47 THEN F1=145
505 IF A=30 THEN F1=137
510 IF A=46 THEN F1=129
515 IF A=42 THEN F1=122
520 IF A=24 THEN F1=115
525 IF A=40 THEN F1=108
530 IF A=29 THEN F1=102
535 IF A=45 THEN F1=97
540 IF A=43 THEN F1=91
545 IF A=51 THEN F1=86
550 IF A=11 THEN F1=81
555 IF A=53 THEN F1=77
560 IF A=13 THEN F1=72
565 IF A=48 THEN F1=68
570 IF A=8 THEN F1=65
575 IF A=10 THEN F1=61
580 IF A=54 THEN F1=58
585 IF A=14 THEN F1=54
590 IF A=55 THEN F1=51
595 IF A=15 THEN F1=48
690 GOTO PEEK(D)+700
700 IF D<>0 THEN SOUND 1,0,0,0:SOUND 2,0,0,0
710 SOUND 0,F1,10,L1
720 S=1:POSITION 15,4:PRINT #6;S
730 GOTO 300
800 F2=F1/G1
810 IF D<>100 THEN SOUND 2,0,0,0
820 SOUND 0,F1,10,L1
830 SOUND 1,F2,10,L2
840 S=2:POSITION 15,4:PRINT #6;S
850 GOTO 300
900 F2=F1/G1
910 F3=F2/G2
920 SOUND 0,F1,10,L1
930 SOUND 1,F2,10,L2
940 SOUND 2,F3,10,L3
950 S=3:POSITION 15,4:PRINT #6;S
960 GOTO 300
1000 SOUND 0,0,0,0
1010 SOUND 1,0,0,0
1020 SOUND 2,0,0,0
1030 SOUND 3,0,0,0
1040 GOTO 300
1100 IF A=6 AND L1>0 THEN L1=L1-0.5
```

```
1110 IF A=7 AND L1<15 THEN L1=L1+0.5
1120 IF A=70 AND L2>0 THEN L2=L2-0.5
1130 IF A=71 AND L2<15 THEN L2=L2+0.5
1140 IF A=134 AND L3>0 THEN L3=L3-0.5
1150 IF A=135 AND L3<15 THEN L3=L3+0.5
1160 IF A=44 THEN G1=G1*G:GOTO 1300
1170 IF A=108 THEN G1=G1/G:GOTO 1300
1180 IF A=28 THEN G2=G2*G:GOTO 1400
1190 IF A=92 THEN G2=G2/G:GOTO 1400
1200 POSITION 15,4:PRINT #6;S
1210 POSITION 15,7:PRINT #6;INT(L1),
1230 POSITION 15,9:PRINT #6;INT(L2),
1240 POSITION 15,11:PRINT #6;INT(L3),
1250 POSITION 2,18:PRINT #6;A$,
1260 POSITION 2,20:PRINT #6;B$,
1270 IF PEEK(732)=81 THEN POKE 732,0
1280 GOTO 300
1300 IF G1>1.05 THEN A$="KL SEKUNDE"
1305 IF G1>1.12 THEN A$="GR SEKUNDE"
1310 IF G1>1.18 THEN A$="KL TERZ"
1315 IF G1>1.25 THEN A$="GR TERZ"
1320 IF G1>1.33 THEN A$="QUART"
1325 IF G1>1.41 THEN A$="VERM QUINT"
1330 IF G1>1.49 THEN A$="QUINT"
1335 IF G1>1.58 THEN A$="KL SEXT"
1340 IF G1>1.68 THEN A$="GR SEXT"
1345 IF G1>1.78 THEN A$="KL SEPTIME"
1350 IF G1>1.88 THEN A$="GR SEPTIME"
1355 IF G1>1.99 THEN A$="OKTAVE"
1360 GOTO 1200
1400 IF G2>1.05 THEN B$="KL SEKUNDE"
1405 IF G2>1.12 THEN B$="GR SEKUNDE"
1410 IF G2>1.18 THEN B$="KL TERZ"
1415 IF G2>1.25 THEN B$="GR TERZ"
1420 IF G2>1.33 THEN B$="QUART"
1425 IF G2>1.41 THEN B$="VERM QUINT"
1430 IF G2>1.49 THEN B$="QUINT"
1435 IF G2>1.58 THEN B$="KL SEXT"
1440 IF G2>1.68 THEN B$="GR SEXT"
1445 IF G2>1.78 THEN B$="KL SEPTIME"
1450 IF G2>1.88 THEN B$="GR SEPTIME"
1455 IF G2>1.99 THEN B$="OKTAVE"
1460 GOTO 1200
1500 DATA 115,116,105,109,109,101,-1
1505 DATA 236,225,245,244,243,244,-2
1510 DATA 201,206,212,197,210,214,193,204,204,-3
```

20 bis 40: Die Grafikbetriebsart und die Schriftfarben werden gewählt.

50: Zwei Stringvariablen werden DIMensioniert. Sie drucken während des Spielens die aktuellen Intervalle aus, die von Ihnen eingestellt werden können. Ein Intervall beschreibt den Abstand, den zwei Töne zueinander halten. Das kleinste Intervall ist die Prim. Bei ihr besteht gar kein Abstand zwischen zwei Tönen; z.B. C zu C. Das nächste Intervall heißt Kleine Sekunde. Bei ihr besteht ein Abstand von einem Halbton; z.B. C zu Cis. Die Große Sekunde beschreibt einen ganztonigen Abstand; z.B. C zu D. In diesem Orgelprogramm werden Intervalle bis zu zwölf Halbtonschritten (eine Oktave) ausgedruckt.

60: In der Bildschirmzeile 4 soll der erste Text des Programms stehen. Mit Z=4 wird eine Variable dafür festgelegt, die sich während des Programmablaufs noch ändert.

100: Die Werte aus den Zeilen 1500 bis 1510 werden eingelesen.

110: "Wenn der Wert -1 ist, dann setze die Variable SP (Spalte) auf 0, rechne Z (Zeile) 3 hinzu und gehe zur Zeile 100."

120: "Wenn der Wert -2 ist, dann setze die Variable SP auf 0, rechne der Zeilenvariable 8 hinzu und gehe nach 100."

130: "Wenn der Wert -3 ist, dann gehe nach 160."

140: In den Grafikbetriebsarten 1 und 2 können Sie mit Hilfe des COLOR-Befehls Buchstaben oder Zeichen in vier verschiedenen Farben aufrufen. In den Zeilen 20 bis 40 wurden diese Farben vorgewählt. Die Daten der Zeilen 1500 bis 1510 sind die einzelnen Buchstaben, die mit PLOT SP,Z nebeneinander auf den Bildschirm gebracht werden.

150: Damit die Buchstaben nebeneinander stehen, muß der Spalten-Variable nach jedem PLOT Eins hinzugerechnet werden. Sobald ein Wort (z.B. Lautstärke) geschrieben ist, wird die Variable wieder auf 0 gesetzt (s. Zeilen 110 und 120), damit das nächste Wort exakt darunter steht.

155: Solange nicht alle Daten gelesen sind, kehrt der Rechner zur Zeile 100 zurück.

160 und 170: Zu Beginn hält die zweite Stimme zur ersten das Intervall "Kleine Sekunde" (Halbtonschritt). Das Gleiche gilt für das Intervall von Zweit- zu Drittstimme (B$).

200: 732 ist das Register, mit dem die HELP-Taste abgefragt

werden kann. Wenn HELP gedrückt wird, nimmt das Register den Wert 17 an. Dieser Wert bleibt so lange erhalten, bis z.B. SHIFT+HELP gedrückt wird (Wert 81). Durch POKE 732,0 wird das Register für die Abfragen während des Orgelspiels vorbereitet.

210: Die Speicherstelle 1664 wird vom Rechner nur benutzt, wenn ein Maschinenprogramm oder eine sog. Display List programmiert wird. Da dies im Orgelprogramm nicht der Fall ist, kann man über 1664 frei verfügen, ohne befürchten zu müssen, daß es vom Computer während des Programmablaufs gelöscht wird. Zunächst wird in das Register 1664 eine Null gePOKEt. Weitere Erklärungen s. Zeilen 410 bis 430.

220: Mit Hilfe des Wertes 1,05946 ersparen Sie sich stundenlanges Programmieren. Sicher haben Sie in den Zeilen 500 bis 595 schon erkannt, daß dort die Frequenzwerte gespeichert sind, die je nach Tastendruck abgespielt werden sollen. Sie sehen aber auch, daß in den Zeilen nur die Angaben für die Erststimme enthalten sind. Da durch die vielen verschiedenen Kombinationen von Intervallen der Zweit- und Drittstimme eine Unzahl von Frequenzwerten möglich ist, wäre es sehr mühsam, alle diese Möglichkeiten vorher zu definieren. Viel einfacher ist es, das rechnerische Verhältnis von einem Ton zum nächsten Halbton (Kleine Sekunde) als Grundformel zur Errechnung der Zweit- und Drittstimme zu nehmen. Diese Grundformel lautet: $\sqrt[12]{2}$ (= 1,05946). Wie Sie vom Anfang des Buches wissen, schwingt der Kammerton A mit 440 Hz. Wenn Sie 440*1,05946 rechnen, erhalten Sie 466,16. Das ist die exakte Schwingungszahl des Tons Ais. Mit dieser Formel können Sie alle Tonleitern rauf und runter rechnen. Zum Glück läßt sich das Ganze auch auf die BASIC-Frequenzwerte anwenden; hier muß lediglich dividiert werden, wenn man zum nächst höheren Halbton kommen will; z.B. beim Ton C, dessen BASIC-Frequenzwert 122 ist. 122:1,05946=115,153. Das ist der exakte BASIC-Wert des Tons Cis. Die Variable G in diesem Programm ist die Grundformel, nach der alle Töne der zweiten und dritten Stimme errechnet werden.

250: Zu Beginn ist die erste Stimme eingeschaltet (Variable S). Außerdem werden die Anfangswerte der drei Lautstärken festgelegt (L1, L2 und L3).

260: Ab Zeile 1100 werden die Angaben für Stimme, Lautstärke und Intervall auf dem Bildschirm ausgegeben.

300 und 310: Diese Register wurden bereits erklärt.

320: Durch PEEK(53279) kann das Register abgefragt werden, in dem die Werte der Tasten OPTION, SELECT und START stehen.

330: Siehe Kommentar zu Zeile 200.

350: Wenn keine Taste gedrückt ist, soll der Rechner zur Zeile 1000 springen, wo alle Tonkanäle ausgeschaltet werden.

400: "Wenn die HELP-Taste gedrückt wird, dann gehe nach 1100."

410: "Wenn OPTION gedrückt wird, dann lege in Register 1664 eine Null ab." Das Register wurde in Zeile 210 bereits erklärt. In diesem Programm übernimmt es eine Hilfsfunktion. Denn die Speicherstelle 53279 registriert das Drücken von OPTION, SELECT und START nur so lange, wie die Taste gedrückt wird. Danach steht wieder eine 7 im Register. Mit dem Ablegen einer Zahl im Register 1664 kann durch das Drücken von OPTION, SELECT oder START ein gewünschter Effekt auch nach dem Loslassen eingeschaltet bleiben. Denn im weiteren Verlauf des Programms wird immer auf 1664 Bezug genommen und nicht auf 53279.

420: "Wenn SELECT gedrückt wird, dann lege in Register 1664 den Wert 100 ab."

430: "Wenn START gedrückt wird, dann lege in Register 1664 den Wert 200 ab."

500 bis 595: Hier werden die Frequenzwerte definiert, die je nach gedrückter Taste erklingen sollen. Die Zahlenwerte hinter A entsprechen dem Tastatur-Code aus Speicherstelle 764 (s. Anhang C).

690: Mit der Anweisung GOTO PEEK(D)+700 kommt der große Vorteil der Operationen aus den Zeilen 410 bis 430 zum Tragen: Wenn die OPTION-Taste gedrückt wurde, geht der Rechner zur Zeile 700, da in D (= Register 1664) eine Null abgelegt wurde. Ab Zeile 700 wird die erste Stimme über den ersten Tonkanal gespielt, während die anderen beiden ausgeschaltet bleiben. Falls zuvor SELECT gedrückt wurde, geht der Rechner zur Zeile 800, da in D der Wert 100 abgelegt ist (700 + 100 = 800). Ab Zeile 800 werden zwei Stimmen gespielt, während die dritte schweigt. Falls die START-Taste gedrückt wird, geht der Rechner zur Zeile 900, wo alle drei Stimmen gleichzeitig erklingen.

700: Die Bedingung für diese Zeile trifft zu, wenn vom zwei- oder dreistimmigen Spiel wieder zum einstimmigen umgeschaltet wird. In diesem Fall müssen die beiden anderen Tonkanäle ausgeschaltet werden.

710: Die gewählte Frequenz wird gespielt.

720: Auf dem Bildschirm wird an der angegebenen Position

ausgegeben, daß die erste Stimme aktiv ist.

730: Führt in den Programmteil zurück, wo die Abfragen nach Tastendruck etc. neu gestellt werden.

800: Hier wird die Frequenz der zweiten Stimme errechnet. G1 ist abhängig von dem Intervall, das Sie gewählt haben (zu Beginn Kleine Sekunde).

810: Die Bedingung dieser Zeile trifft zu, wenn aus dem dreistimmigen wieder ins zweistimmige Spiel umgeschaltet wird. In diesem Fall muß der dritte Tonkanal eine Null-Tonanweisung erhalten.

820 und 830: F1 und die in Zeile 800 errechnete Frequenz F2 werden gespielt.

840: Wie 720; hier wird eine 2 auf dem Bildschirm ausgegeben.

900 und 910: Siehe Erklärungen zu 800.

920 bis 940: Die erste, zweite und dritte Stimme erklingen.

950: Wie 720; hier wird eine 3 auf dem Bildschirm ausgegeben.

1000 bis 1030: Wenn keine Taste gedrückt ist (s. Zeile 300), dann schaltet der Rechner alle drei Tonkanäle ab.

1100: In diese Zeile springt der Rechner, wenn die Taste HELP gedrückt wird. Sie können nun verschiedene Manipulationen durchführen, die nachfolgend beschrieben werden. Mit SHIFT+HELP können Sie das Unterprogramm verlassen und weiter Orgel spielen. Wenn Sie die Taste ← drücken und die Lautstärke der ersten Stimme größer Null ist, können Sie sie reduzieren. Die Einstellungen werden auf dem Bildschirm sichtbar.

1110: Wenn die Taste → gedrückt wird, kann die Lautstärke der ersten Stimme erhöht werden (bis maximal 15).

1120: Wenn SHIFT + ← gedrückt wird, reduziert sich die Lautstärke der zweiten Stimme.

1130: Wenn SHIFT + → gedrückt wird, erhöht sich die Lautstärke der zweiten Stimme.

1140: Wenn CONTROL + ← gedrückt wird, reduziert sich die Lautstärke der dritten Stimme.

1150: Wenn CONTROL + → gedrückt wird, erhöht sich die Lautstärke der dritten Stimme.

1160: 44 ist der Tastatur-Code der TAB-Taste. Mit ihr kann

das Intervall von erster zu zweiter Stimme verändert werden. Durch jedes kurze Drücken erhöht sich das Intervall um einen Halbton. Zu Beginn ist G1=1,05946 (entspricht dem Intervall Kleine Sekunde). Wenn also zum ersten Mal TAB gedrückt wird (nachdem Sie mit HELP in dieses Unterprogramm gelangt sind), dann wird 1,05946 mit 1,05946 multipliziert. Das bringt glatte 1,12245. Die Frequenz F2 in Zeile 800 entsteht dann durch die Division F1:1,12245. Das ist z.B. beim mittleren C (BASIC-Wert 122) der Wert 108, also der Ton D. Das entspricht dem Intervall Große Sekunde. Wenn das nächste Mal auf TAB gedrückt wird, erhöht sich der Wert G1 wieder um den Multiplikator 1,05946, also auf 1,189. Dividieren Sie nun den Ton C durch dieses neue G1, erhalten Sie den Wert 102 als Frequenzwert für F2. Das entspricht der Note Dis und ist gleichzeitig eine Kleine Terz. Durch den Sprung in den Zeilenbereich ab 1300 wird aufgrund des G1-Wertes der Variable A$ der entsprechende Text zugewiesen, der dem Intervall genau entspricht. Dieser Text wird auf dem Bildschirm ausgegeben. Eine gute Anfangs-Einstellung der Intervalle ist z.B. Große Terz für das erste Intervall und Kleine Terz für das zweite Intervall.

1170: 108 ist der Tastatur-Code für SHIFT+TAB. Mit dieser Funktion können Sie die Intervalle wieder rückwärts rechnen lassen.

1180: 28 ist der Tastatur-Code der ESC-Taste. Wird sie gedrückt, erhöht sich das Intervall von Zweitstimme zu Drittstimme in gleicher Weise wie bei 1160 beschrieben.

1190: 92 ist der Tastatur-Code von SHIFT+ESC. Durch Drücken dieser beiden Tasten läßt sich das Intervall von Zweit- zu Drittstimme wieder reduzieren.

1200: In Spalte 15, Zeile 4 wird ausgedruckt, welche Stimme aktiv ist.

1210 bis 1240: Die Lautstärkenwerte der drei Stimmen werden auf dem Bildschirm ausgegeben.

1250 und 1260: Die gewählten Intervalle werden ausgedruckt.

1270: Wenn SHIFT+HELP gedrückt wird, POKEt der Rechner eine Null in Register 732. Dadurch wird die Eingabemöglichkeit für Intervalle und Lautstärken abgebrochen und die Orgel ist wieder spielbereit.

1300 bis 1355: Je nachdem, welches Intervall in den Zeilen 1160 oder 1170 errechnet wurde, nimmt A$ den zutreffenden Text an, der dann in Zeile 1250 auf dem Bildschirm ausgegeben wird.

1400 bis 1455: Das Gleiche wie 1300 bis 1355, jedoch für das zweite Intervall.

1500 bis 1510: Die Daten für die Wörter, die zu Beginn auf den Bildschirm gebracht werden (s. 100 bis 155).

Übrigens: Wie bei Zeile 220 bereits erklärt, entspricht der Multiplikator für die Frequenzen der $\sqrt[12]{2}$ (= 1,05946). Alle Werte, die Sie in den Zeilen 1305 bis 1355 sowie 1405 bis 1455 sehen, entsprechen in ihrer Reihenfolge der $\sqrt[12]{2^2}, \sqrt[12]{2^3}$ usw.

(Jetzt reicht's aber mit Musikwissenschaft!) Na klar. Schließlich funktioniert die Orgel auf einfachen Tastendruck. Das Rechnen besorgt der Rechner.

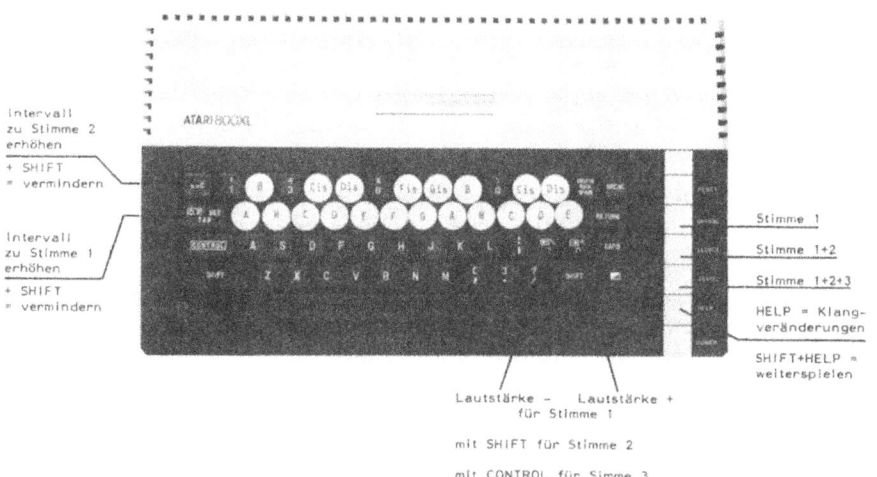

Spiele mit Grafik und Sound

Computer-Spiele müssen nicht nur in Hetzjagden und Abschießen von "Wesen" ihren sog. kreativen Ausdruck finden. (Wird in diesem Buch etwa 'was anderes geboten?) Sicher; z.B. mit dem folgenden "Zauberpuzzle".

Die Namensverwandtschaft mit "Zauberwürfel" ist natürlich kein Zufall. (Ach, wirklich?) Ja, wirklich. Allerdings sollte niemand glauben, "Zauberpuzzle" sei die Computer-Version des Würfels. Die Verwandtschaft liegt mehr im Schwierigkeitsgrad beider Spiele.

Das Programm erzeugt auf einem Feld von 3 x 3 zufällige Buchstaben. Mit einem Jystick kann man am unteren und rechten Rand einen Cursor steuern und per Knopfdruck einzelne Buchstabenreihen umwandeln. Dabei erhöht sich jeder Buchstabe in der Reihenfolge des Alphabets; aus A wird B usw. Ein Z wandelt sich wieder zum A. Das Spielziel besteht darin, auf allen neun Feldern den gleichen Buchstaben stehen zu haben. (Klingt ganz einfach.) Ist es aber nicht.

Denn es wandelt sich immer die ganze Reihe um. Geschickt muß man durch Hin- und Herfahren, vertikales, horizontales und diagonales Umwandeln die Buchstaben allmählich gleichschalten. Nach einer halben Stunde wird sich der Eine oder Andere wie im römischen Dampfbad vorkommen. Man kann das Spiel sehr gut allein oder aber auch im Wettbewerb mit anderen spielen; z.B. indem man pro Teilnehmer nach zehn Minuten stoppt und festhält, wer die meisten gleichen Buchstaben erzeugen konnte.

Die Steuerung des Cursors ist ganz einfach. Befindet sich der Cursor genau in einer Spalte oder Zeile, wird die gesamte Buchstabenreihe umgewandelt. In den Zwischenräumen wird die entsprechende Diagonale umgewandelt. Sie werden es sofort beherrschen.

(So'n tolles Spiel mit so wenigen Programmzeilen?) Das ist das Schöne daran. Zu allen Vorgängen ertönen natürlich auch anregende Sounds. (Ist ja auch ein Soundbuch, oder?) Genau. Aber auch für hübsche Farbveränderungen ist gesorgt. Jeweils nach fünf Umwandlungen von Buchstabenreihen wechselt die Bildschirmfarbe. (Und warum heißt das Spiel dann nicht "Chamäleon"?) Weil die Zollbehörden Bedenken hatten.

```
5 DIM C(8):SP=12:ZE=9:FA=14
10 GRAPHICS 2+16
20 SETCOLOR 4,11,14
30 SETCOLOR 0,11,6
40 FOR C=0 TO 8
50 C(C)=INT(26*RND(0))+65
60 NEXT C
70 COLOR C(0):PLOT 6,3:GOSUB 170
80 COLOR C(1):PLOT 8,3:GOSUB 170
90 COLOR C(2):PLOT 10,3:GOSUB 170
100 COLOR C(3):PLOT 6,5:GOSUB 170
110 COLOR C(4):PLOT 8,5:GOSUB 170
120 COLOR C(5):PLOT 10,5:GOSUB 170
130 COLOR C(6):PLOT 6,7:GOSUB 170
140 COLOR C(7):PLOT 8,7:GOSUB 170
150 COLOR C(8):PLOT 10,7:GOSUB 170
160 GOTO 220
170 SOUND 0,91,2,10
180 FOR Z=0 TO 15:NEXT Z
190 SOUND 0,0,0,0
200 FOR Z=0 TO 15:NEXT Z
210 RETURN
220 JOY=STICK(0):KN=STRIG(0)
230 IF JOY<>15 THEN SOUND 0,71,10,6
240 IF JOY=14 AND SP=12 AND ZE>=4 THEN ZE=ZE-1
250 IF JOY=13 AND SP=12 AND ZE<=8 THEN ZE=ZE+1
260 IF JOY=11 AND ZE=9 AND SP>=7 THEN SP=SP-1
270 IF JOY=7 AND ZE=9 AND SP<=11 THEN SP=SP+1
280 COLOR 138:PLOT SP,ZE
290 FOR Z=0 TO 50:NEXT Z:SOUND 0,0,0,0
300 COLOR 128:PLOT SP,ZE
310 IF KN=1 THEN 220
320 IF KN=0 AND SP=6 THEN C(0)=C(0)+1:C(3)=C(3)+1:
C(6)=C(6)+1
330 IF KN=0 AND SP=8 THEN C(1)=C(1)+1:C(4)=C(4)+1:
C(7)=C(7)+1
340 IF KN=0 AND SP=10 THEN C(2)=C(2)+1:C(5)=C(5)+1:
C(8)=C(8)+1
350 IF KN=0 AND ZE=3 THEN C(0)=C(0)+1:C(1)=C(1)+1:
C(2)=C(2)+1
360 IF KN=0 AND ZE=5 THEN C(3)=C(3)+1:C(4)=C(4)+1:
C(5)=C(5)+1
370 IF KN=0 AND ZE=7 THEN C(6)=C(6)+1:C(7)=C(7)+1:
C(8)=C(8)+1
380 IF KN=0 AND SP=12 AND ZE=9 THEN C(0)=C(0)+1:
C(4)=C(4)+1:C(8)=C(8)+1
382 IF KN=0 AND SP=7 THEN C(5)=C(5)+1:C(7)=C(7)+1
```

```
383 IF KN=0 AND SP=9 THEN C(3)=C(3)+1:C(7)=C(7)+1
384 IF KN=0 AND ZE=4 THEN C(5)=C(5)+1:C(7)=C(7)+1
385 IF KN=0 AND ZE=6 THEN C(1)=C(1)+1:C(5)=C(5)+1
390 FOR C=0 TO 8
400 IF C(C)>90 THEN C(C)=65
410 NEXT C
420 FOR F=0 TO 50
430 SOUND 0,F,8,10
440 NEXT F
450 XY=XY+1
460 IF XY=5 THEN GOSUB 500
470 GOTO 70
500 SETCOLOR 4,FA,14
510 SETCOLOR 0,FA,6
520 FA=FA-1:IF FA=0 THEN FA=15
530 XY=0
540 RETURN
```

5: Mit DIM C(8) wird eine numerische Variable mit neun Argumenten indiziert. SP und ZE sind die Anfangsspalte und -zeile des Spielcursors. FA ist die Hintergrundfarbe, die während des Spiels häufig wechselt.

10 bis 30: Grafikbetriebsart und Farben von Buchstaben und Hintergrund werden gewählt.

40 bis 60: Auf dem Spielfeld sollen neun zufällig gewählte Buchstaben erscheinen. Im ersten Durchlauf der FOR...NEXT-Schleife wird dem ersten Index der Variable C aus den 26 Buchstaben des Alphabets (hier als ASCII-Zeichen) zufällig einer zugewiesen. Im zweiten Durchlauf wird C(1) ein Zufallsbuchstabe zugewiesen usw.

70 bis 150: Die Zufallsbuchstaben werden in ein Feld von 3 x 3 auf den Bildschirm gePLOTtet. Durch den Sprung in das Unterprogramm 170 ertönt jedes Mal ein schnatternder Sound.

220: Die Abfrage von Joystick und Knopf (Joystick muß am ersten Port angeschlossen werden).

230: Wenn der Steuerknüppel in Ruhestellung ist, soll der angegebene Sound ertönen.

240: Wenn der Steuerknüppel nach oben gedrückt wird, soll sich die Zeilenposition des Cursors um Eins vermindern. Durch die beiden AND-Bedingungen wird gewährleistet, daß der Cursor nur nach oben wandert, wenn er dabei keine Buchstaben überPLOTtet.

250: Wenn der Steuerknüppel nach unten gedrückt wird, soll

sich die Zeilenposition des Cursors um Eins erhöhen.

260 und 270: Das Gleiche wie 240 und 250, jedoch werden hier die vertikalen Bewegungen gesteuert.

280: Mit dem COLOR-Befehl wird der Spielcursor in lila Farbe gewählt und auf den Bildschirm gePLOTtet.

290 und 300: Eine Verzögerungs-Schleife und das PLOTten des Cursors in der Hintergrundfarbe.

310: "Wenn der Knopf nicht gedrückt ist, dann gehe zur Zeile 220."

320 bis 385: In diesen Zeilen finden die Umwandlungen der Buchstabenreihen statt. Zeile 320 z.B. stellt die Bedingung: "Wenn sich der Cursor in Spalte 6 befindet, dann erhöhe die Variablen C(0), C(3) und C(6) um jeweils Eins." Das sind genau die Buchstaben der obersten Reihe. Ebenso werden die anderen Spalten- und Zeilenpositionen des Cursors abgefragt und die entsprechenden Buchstabenreihen umgewandelt.

390 bis 410: Durch diese FOR...NEXT-Schleife werden alle indizierten Variablenwerte abgefragt, ob ihr Wert über 90 liegt (was nach der ASCII-Tabelle jenseits von Z wäre). Ist dies der Fall, soll sich der entsprechende Buchstabe wieder in ein A verwandeln (ASCII-Wert 65).

420 bis 440: Hier wird ein fauchender Sound erzeugt, der beim Drücken des Knopfes ertönt.

450 und 460: XY ist eine Zählvariable. Sobald der Knopf gedrückt wird, erhöht sich ihr Wert um Eins. Jedesmal wenn der Wert Fünf erreicht ist, geht der Rechner ins Unterprogramm 500, wo ein Farbwechsel für den Hintergrund vorgenommen wird.

500 und 510: FA wurde in Zeile 5 definiert. Sie ist die Variable, mit der die Farbwechsel vorgenommen werden.

Was Sie wissen müssen: Bei längerer Beschäftigung mit diesem Spiel nimmt der Computer selbständig Farbwechsel vor, um den Bildschirm zu schonen. Im schlechtesten Fall sehen Sie dadurch die Buchstaben nicht mehr. Sie können dies umgehen, wenn Sie in Zeile 535 die Anweisung POKE 77,0 schreiben. Das schaltet den automatischen Farbwechsel des Rechners aus.

(Das war super!) Fein. Bei dem folgenden Spiel geht es auch um Buchstaben. (Wie gut, daß man lesen gelernt hat. Und wie heißt das nächste Spiel?) "Computer-Scrabble".

Sie können dieses Spiel wunderbar allein spielen und ebenso wunderbar mit mehreren Personen. (Wie wunderbar.) Zu Beginn wird auf dem Bildschirm das Wort COMPUTER vorgegeben. (Wie einfallsreich.) Am unteren Bildschirmrand stehen sieben Buchstaben zur Verfügung, mit denen neue Wörter an COMPUTER angebaut werden können. Für jeden untergebrachten Buchstaben gibt es einen Punkt. (Wie gnädig.) Das ganze Spiel wird sehr komfortabel mit einem Joystick gesteuert. (Wie könnte es auch anders sein!) Sie können mit einem Cursor an den Buchstaben heranfahren, den Sie als nächstes verwenden wollen. Durch Drücken auf den Knopf verfärbt sich der betreffende Buchstabe. Dann fahren Sie mit dem Cursor an die Stelle auf dem Bildschirm, an der Sie den eingefärbten Buchstaben hinsetzen wollen und drücken wieder den Knopf. Der Buchstabe springt an die Stelle und verschwindet gleichzeitig aus dem Vorrat.

Wenn Sie aus dem Vorrat nichts mehr verwenden wollen oder können (oder alles verbraucht ist), fahren Sie mit dem Cursor einfach über die Punktestand-Anzeige und drücken den Knopf. Dadurch wird ein neuer Vorrat von sieben Buchstaben gebildet.

```
0 REM COMPUTER-SCRABBLE
10 GRAPHICS 1+16
20 SETCOLOR 4,0,0
30 SETCOLOR 0,1,12
40 SETCOLOR 1,5,12
50 SETCOLOR 2,10,10
60 SETCOLOR 3,8,10
70 POSITION 6,8:PRINT #6;"COMPUTER"
80 FOR X=0 TO 6
90 FOR L=-9 TO 9
100 SOUND 0,182,10,15-X-ABS(L)
110 NEXT L
120 NEXT X
130 DIM A(6)
140 FOR X=0 TO 6
150 A(X)=INT(26*RND(0))+97
160 NEXT X
170 FOR X=0 TO 6
180 COLOR A(X):PLOT P,23
190 SOUND 0,41,6,10
200 FOR Z=0 TO 30:NEXT Z
```

```
210 SOUND 0,0,0,0
220 FOR Z=0 TO 50:NEXT Z
230 P=P+1
240 NEXT X
250 P1=0:P2=21
260 SP=SP+1
270 IF SP=5 THEN POSITION 9,23:PRINT #6;"ENDE":GOTO 270
280 J=STICK(0):KN=STRIG(0)
290 IF J=11 THEN P1=P1-1
300 IF J=7 THEN P1=P1+1
310 IF J=14 THEN P2=P2-1
320 IF J=13 THEN P2=P2+1
330 IF P1<1 THEN P1=0
340 IF P1>18 THEN P1=19
350 IF P2<1 THEN P2=0
360 IF P2>20 THEN P2=21
370 LOCATE P1,P2,P3
380 IF P3<>32 THEN GOTO 280
390 COLOR 170:PLOT P1,P2
400 SOUND 0,235,2,2
410 FOR Z=0 TO 15:NEXT Z
420 COLOR 32:PLOT P1,P2
430 IF KN=0 AND P2=21 THEN GOSUB 460
440 IF KN=0 AND P2<>21 THEN GOSUB 600
450 GOTO 280
460 P=0
470 IF P1=0 THEN COLOR A(0)-32:PLOT P,23
480 IF P1=1 THEN COLOR A(1)-32:PLOT P+1,23
490 IF P1=2 THEN COLOR A(2)-32:PLOT P+2,23
500 IF P1=3 THEN COLOR A(3)-32:PLOT P+3,23
510 IF P1=4 THEN COLOR A(4)-32:PLOT P+4,23
520 IF P1=5 THEN COLOR A(5)-32:PLOT P+5,23
530 IF P1=6 THEN COLOR A(6)-32:PLOT P+6,23
540 IF P1=17 OR P1=18 OR P1=10 THEN GOTO 140
550 FOR F=15 TO 0 STEP -1
560 SOUND 1,F,12,8
570 NEXT F
580 SOUND 1,0,0,0
590 RETURN
600 P=0
610 LOCATE P,23,S0
620 LOCATE P+1,23,S1
630 LOCATE P+2,23,S2
640 LOCATE P+3,23,S3
650 LOCATE P+4,23,S4
660 LOCATE P+5,23,S5
670 LOCATE P+6,23,S6
```

```
680 IF S0=A(0)-32 THEN COLOR A(0)-32:PLOT P1,P2:
COLOR 32:PLOT P,23:GOTO 760
690 IF S1=A(1)-32 THEN COLOR A(1)-32:PLOT P1,P2:
COLOR 32:PLOT P+1,23:GOTO 760
700 IF S2=A(2)-32 THEN COLOR A(2)-32:PLOT P1,P2:
COLOR 32:PLOT P+2,23:GOTO 760
710 IF S3=A(3)-32 THEN COLOR A(3)-32:PLOT P1,P2:
COLOR 32:PLOT P+3,23:GOTO 760
720 IF S4=A(4)-32 THEN COLOR A(4)-32:PLOT P1,P2:
COLOR 32:PLOT P+4,23:GOTO 760
730 IF S5=A(5)-32 THEN COLOR A(5)-32:PLOT P1,P2:
COLOR 32:PLOT P+5,23:GOTO 760
740 IF S6=A(6)-32 THEN COLOR A(6)-32:PLOT P1,P2:
COLOR 32:PLOT P+6,23:GOTO 760
750 RETURN
760 PU=PU+1
770 POSITION 7,23:PRINT #6,PU
780 SOUND 2,5,8,15
790 FOR Z=0 TO 20:NEXT Z
800 SOUND 2,0,0,0
810 PX=PX+1:IF PX=5 THEN GOTO 830
820 RETURN
830 FOR F=30 TO 4 STEP -2
840 SOUND 3,F,10,10
850 FOR Z=0 TO 15:NEXT Z
860 NEXT F
870 SOUND 3,0,0,0
880 PX=0
890 RETURN
```

10 bis 60: Die Grafikbetriebsart und die Farben für Buchstaben und Hintergrund werden gewählt.

70: In Spalte 6, Zeile 8 soll das Wort COMPUTER gePRINTet werden (etwa die Mitte des Bildschirms).

80 bis 120: Zum Ausdruck COMPUTER ertönt ein kurzer Sound mit Wah-Wah-Effekt.

130 bis 160: Eine Variable mit sieben Argumenten wird indiziert (die Null zählt mit). Jedem Element wird ein zufälliger Buchstabe zugewiesen. Dies ist der Vorrat, mit dem der Spieler neue Wörter an COMPUTER anbauen kann.

170 bis 240: Nachdem die sieben Zufallsbuchstaben festliegen, werden sie mit Hilfe einer FOR...NEXT-Schleife nebeneinander auf den unteren Bildschirmrand gPLOTtet (Zeile 23).

250: Die Anfangspositionen des Cursors werden festgelegt (P1 = Spalte, P2 = Zeile). Zu Spielbeginn befindet sich der Cursor immer über dem ersten Buchstaben aus dem Vorrat.

260 und 270: SP ist die Zählvariable für die Spieldurchläufe. Wenn fünfmal ein neuer Buchstaben-Vorrat gewählt wurde, ist das Spiel beendet. Sie können diese Bedingung natürlich nach Belieben ändern.

280: Die Abfrage des Joysticks und des Knopfes wird vorbereitet.

290 bis 320: Eingedeutscht würde Zeile 290 lauten: "Wenn der Steuerknüppel nach links gedrückt wird, dann reduziere den Wert für die Horizontal-Position um Eins." Entsprechend werden die anderen Richtungen abgefragt.

330 bis 360: Hier werden die zulässigen Positionen festgelegt, die der Cursor einnehmen darf. In der Grafikbetriebsart 1 hat der Bildschirm 20 horizontale und 24 vertikale Positionen. Durch die Bedingung in Zeile 360 wird erreicht, daß der Cursor nie über den Buchstaben-Vorrat hinwegfährt (die sich in Zeile 23 befinden).

370 und 380: Es muß verhindert werden, daß der Cursor über die Wörter hinwegfährt, die bereits gescrabblet wurden (das würde sie löschen). Mit dem LOCATE-Befehl wird festgestellt, welches Zeichen sich an der Cursor-Position befindet. Wenn sich an der Cursor-Position nur die Hintergrundfarbe befindet (ASCII-Code 32 bzw. "Leerzeichen"), dann wird der Cursor in Zeile 390 gePLOTtet. Wenn der lokalisierte Wert ungleich 32 ist (also irgendein Buchstabe), dann soll der Rechner zur Zeile 280 zurückgehen und warten, daß mit dem Joystick eine zulässige Position angefahren wird.

390: Wenn sich an der Cursor-Position kein Buchstabe befindet, wird mit dieser Zeile der Cursor auf den Bildschirm gePLOTtet. COLOR 170 birngt ein grünes Sternchen (vergl. mit SETCOLOR 2,10,10 in Zeile 50).

400 und 410: Mit dem Erscheinen des Cursors ertönt leise ein ein surrender Sound.

420: Der Cursor wird mit der Hintergrundfarbe überPLOTtet, damit während der Bewegung keine Sternchen-Linien auf dem Bildschirm entstehen.

430: "Wenn der Knopf gedrückt wird und die Zeilenposition des Cursor = 21 ist, dann gehe ins Unterprogramm 460."

440: "Wenn der Knopf gedrückt wird und die Zeilenposition des Cursors ungleich 21 ist, dann gehe ins Unterprogramm 600."

460 bis 530: Wie Sie in den Zeilen 170 bis 240 sehen können, ist die Variable P die Spaltenposition für den Buchstaben-Vorrat. Da sich durch die Zählvariable in Zeile 230 P noch auf Sechs befindet, wird sie zunächst auf Null gesetzt. In den Zeilen 470 bis 530 wird festgestellt, in welcher Spalte sich der Spielcursor befindet, wenn der Knopf gedrückt wird. Der Wert für die Zeile steht fest, da der Rechner in dieses Unterprogramm nur springt, wenn sich der Cursor in Zeile 21 befindet. Eingedeutscht würde Programmzeile 470 lauten: "Wenn die Spaltenposition des Cursors = 0 ist, dann rechne A(0)-32 und PLOTte diesen neuen ASCII-Wert ind Spalte P, Bildschirmzeile 23." Programmzeile 480 lautet: "Wenn die Spaltenposition des Cursors = 1 ist, dann rechne A(1)-32 und PLOTte diesen neuen ASCII-Wert in Spalte P+1, Bildschirmzeile 23." Der Sinn dieser ganzen Aktion liegt darin, daß sich die Buchstaben aus dem Vorrat verfärben sollen, wenn sich der Cursor zwei Zeilen über ihnen befindet und der Knopf gedrückt gedrückt wird. Die Verfärbung kommt dabei auf einfache Weise zustande. Sie sehen in Zeile 150, daß den Zufallsbuchstaben 97 hinzugerechnet wird. Dadurch nehmen die Buchstaben die Farbe Lila an (vergl. SETCOLOR 1,5,12 in Zeile 40). Wenn diesen Werten nun 32 abgezogen wird, erhalten Sie die gleichen Buchstaben in der Farbe Goldgelb. Sie können statt -32 auch +97 schreiben; dann erhalten Sie die gleichen Buchstaben in Grün.

540: In den Spalten 17, 18 und 19 wird der Punktestand des Spielers ausgedruckt. Wenn mit dem Cursor an diese Stellen gefahren und der Knopf gedrückt wird, geht der Rechner zur Zeile 140, wo ein neuer Buchstaben-Vorrat erzeugt wird.

550 bis 580: Sobald in den Zeilen 470 bis 530 ein Buchstabe seine Farbe gewechselt hat, ertönt ein schneidender Sound.

600 bis 670: Sobald der Knopf gedrückt wird und sich der Cursor nicht in der Bildschirmzeile 21 befindet, springt der Rechner in die Zeile 600. Hier werden die ASCII-Codes der Buchstaben ermittelt, die sich im Vorrat befinden. Die ermittelten Werte werden S0, S1, S2 usw. zugewiesen.

680 bis 740: Mit diesen Zeilen wird erreicht, daß nur Buchstaben an Wörter angebaut werden können, die der Spieler vorher goldgelb "eingefärbt" hat. Zeile 680 z.B. lautet: "Wenn S0=A(0) in Goldgelb ist, dann PLOTte diesen Buchstaben an die Stelle auf dem Bildschirm, an der sich der Cursor befindet. Danach PLOTte an die Stelle des verbrauchten Buchstabens ein Leerzeichen (COLOR 32)". Damit wird erreicht, daß Buchstaben, die "verscrabblet" wurden, aus dem Vorrat verschwinden.

760: Der Punktzähler. Jedesmal, wenn ein Buchstabe an ein Wort angebaut wurde, erhöht sich die Punktzahl.

770: In Spalte 17, Zeile 23 soll der aktuelle Punktestand ausgedruckt werden.

780 bis 800: Wenn ein Buchstabe angebaut wurde, erklingt ein schußartiger Sound.

810: PX ist eine weitere Zählvariable für den Punktestand. Immer, wenn fünf Punkte erreicht sind, erklingt ab Zeile 830 eine kurze Siegesmelodie.

830 bis 890: Wenn die Zählvariable PX aus Zeile 810 den Wert 5 erreicht hat, erklingt hier eine kurze Siegesmelodie, bei der die Frequenzen 30 bis 4 auf dem dritten Tonkanal gespielt werden. Der dritte Tonkanal wurde gewählt, damit die anderen Sounds (Bewegung des Cursors und Knopfdruck-Geräusche) nicht unterbrochen werden. In Zeile 880 muß die Zählvariable PX wieder auf Null gesetzt werden, bevor der Rechner ins normale Programm zurückkehrt.

> *Was Sie wissen müssen: Sie können das Spiel noch komfortabler machen, wenn Sie nach Beendigung (Zeile 270) durch Knopfdruck erreichen, daß ein neues Spiel begonnen wird. Folgende Zeilen müssen Sie dazu ergänzen bzw. ändern:*

```
270 IF SP=5 THEN POSITION 9,23:PRINT #6;"ENDE":GOTO 1000
1000 KN=STRIG(0)
1010 IF KN=0 THEN RUN
1020 GOTO 1000
```

Genug der Buchstabenspiele. (Gibt's jetzt endlich den Krimi?) Klar, jetzt gibt's den Krimi: Phantomas treibt wieder sein Unwesen. Diesmal will er goldene Vasen klauen. Aber Sie können das verhindern.

In diesem Phantomas-Spiel wird die Player-Missile-Grafik angewendet. (Ist das was zum Essen?) Nein, das ist eine hochauflösende Grafik, die unabhängig vom sonstigen Bildschirminhalt arbeitet und sehr komfortable Spielmöglichkeiten bietet; z.B. können leicht Kollisionen von Playern registriert oder Prioritäten bestimmt werden. (Prioritäten?) Ja, etwa: Player 1 soll Priorität vor Player 2 haben. Wenn dann beide kollidieren, erscheint Player 1 im Vordergrund, während Player 2 dahinter verschwindet.

In diesem Spiel hat die goldene Vase Priorität über Phantomas. Das bewirkt, daß die blaue Maske des Phantomas immer geheimnisvoll hinter der Vase verschwindet, wenn er mit ihr in Berührung kommt. Die Programmierung von Player-Missile-Grafik ist relativ kompliziert. Deshalb wird in dem Kommentar zum Listing nur das Wichtigste erklärt. Im Birkhäuser Verlag ist jedoch ein Buch über Player-Missilie-Grafik in Vorbereitung, in dem dieses Thema ausführlich behandelt wird.

"Phantomas" wird mit einem Joystick gespielt. Damit bewegen Sie eine kleine rote Kanone am unteren Spielfeldrand. Es hat aber keine Sinn, einfach loszuballern, wenn Phantomas auf dem Bildschirm erscheint. Sie müssen vorher die Schußweite einkalkulieren: Je nachdem, wie lange Sie den Steuerknüppel nach oben drücken, entfernt sich der Schuß (Missile) unterschiedlich weit von der Kanone. Wenn Sie gar nicht nach oben drücken, verpufft die Kugel gleich am Kanonenrohr. Es gehört eine Menge Übung und Geschicklichkeit dazu, den Steuerknüppel im richtigen Zeitmaß nach oben zu drücken, wenn die Kugel den beutehungrigen Phantomas erwischen soll.

Kollidiert Phantomas mit der Vase, erscheint im Textfenster eine entsprechende Trauermeldung. Verschiedene Textmeldungen gibt es auch, wenn Sie Phantomas oder aus Versehen die goldene Vase erwischen. Immer, wenn Sie den Räuber mit einer Kugel treffen, gibt es einen Punkt; umgekehrt erhält Phantomas einen Punkt, wenn er eine Vase geklaut hat. So einfach ist das. (Und das soll Spaß machen?) Was heißt hier Spaß! Es ist die Pflicht eines jeden guten Computer-Detektivs, Staatseigentum zu beschützen. Die goldenen Vasen sind schließlich unwiederbringliches Kulturgut. Also schnell das Listing abtippen, den Kommentar durchlesen und RUN an die Arbeit.

```
0 REM PHANTOMAS
10 GRAPHICS 7
20 SETCOLOR 0,10,12
30 SETCOLOR 1,4,12
40 SETCOLOR 2,10,0
50 DATA 126,60,24,24,60,126,126,255
60 DATA 255,255,126,60,24,126,255
70 DATA 16,16,16,56,186,254,214
80 DATA 129,195,255,255,153,255,255
90 DATA 255,195,255,126,60
100 POKE 752,2:PRINT "          MOMENT BITTE!"
110 SOUND 0,122,10,5
120 COLOR 1:PLOT 65,32:DRAWTO 84,32
130 DRAWTO 84,56:DRAWTO 65,56:DRAWTO 65,32
140 COLOR 2:PLOT 67,34:DRAWTO 82,34
150 DRAWTO 82,54:DRAWTO 67,54:DRAWTO 67,34
160 GOSUB 740
170 PRINT CHR$(125);"    Bewachen Sie die goldene Vase!"
180 SOUND 1,97,10,5
190 FOR Z=0 TO 800:NEXT Z
200 PRINT CHR$(125);"       Achtung! Gleich kommt:"
210 SOUND 2,81,10,5
220 FOR Z=0 TO 800:NEXT Z
230 PRINT CHR$(125);"         P H A N T O M A S"
240 SOUND 3,68,10,5
250 DIM A$(40),B$(40),C$(40),X$(40)
260 A$="   PHANTOMAS HAT DIE VASE GEKLAUT!"
270 B$=" He! Sie haben die Vase getroffen!"
280 C$="     Sie haben PHANTOMAS erwischt!"
290 FOR Z=0 TO 800:NEXT Z:PRINT CHR$(125)
300 SOUND 0,0,0,0:SOUND 1,0,0,0
310 SOUND 2,0,0,0:SOUND 3,0,0,0
320 PRINT CHR$(253)
330 PH=PL+128:POKE 705,138:MI=PL-128
340 V2=INT(60*RND(0))+10
350 HX=INT(2*RND(0))
360 IF HX=0 THEN H=35:BW=0
370 IF HX=1 THEN H=212:BW=1
380 FOR D=PH+V2 TO PH+V2+11
390 READ X:POKE D,X:NEXT D
400 FOR LA=-13 TO 13
410 J=STICK(0):KN=STRIG(0)
420 FOR Z=0 TO 6
430 POKE 53249,H
440 SOUND 0,0,6,13-ABS(LA):SOUND 1,0,0,13-ABS(LA)
450 IF BW=0 THEN H=H+1
460 IF BW=1 THEN H=H-1
```

```
470 POKE 53278,1
480 IF J=7 AND HK<200 THEN HK=HK+1.3
490 IF J=11 AND HK>45 THEN HK=HK-1.3
500 IF J=14 AND ZA<75 THEN ZA=ZA+2
510 IF KN=0 THEN GOSUB 630
520 POKE 53250,HK
530 KOL1=PEEK(53261):KOL2=PEEK(53258)
540 IF KOL1<>0 THEN X$=A$:PPH=PPH+1:GOTO 940
550 IF KOL2=1 THEN X$=B$:GOTO 940
560 IF KOL2=2 THEN X$=C$:PSP=PSP+1:GOTO 1050
570 NEXT Z:NEXT LA
580 POKE 53277,2
590 FOR D=PH+V2 TO PH+V2+11
600 POKE D,0:NEXT D
610 RESTORE 80
620 V2=0:GOTO 340
630 V4=85-ZA
640 POKE MI+V4,255:POKE MI+V4+1,255
650 POKE 53254,HK+3
660 POKE 53277,3
670 FOR FR=1 TO 10
680 SOUND 2,FR,2,15:SOUND 3,FR,2,15
690 FOR Z=0 TO 5:NEXT Z:NEXT FR
700 SOUND 2,0,0,0:SOUND 3,0,0,0
710 POKE MI+V4,0:POKE MI+V4+1,0
720 ZA=0
730 RETURN
740 TA=PEEK(106)-24
750 POKE 54279,TA
760 PL=TA*256+512
770 FOR L=PL-128 TO PL+383
780 POKE L,0:NEXT L
790 V1=53
800 POKE 559,46
810 POKE 53277,3
820 POKE 704,30
830 POKE 53248,119
840 FOR D=PL+V1 TO PL+V1+14
850 READ X:POKE D,X:NEXT D
860 V3=89:HK=119
870 KA=PL+256
880 FOR D=KA+V3 TO KA+V3+6
890 READ X:POKE D,X:NEXT D
900 POKE 706,56
910 POKE 623,20
920 POKE 77,0
930 RETURN
```

```
940 PRINT X$:PRINT
950 PRINT "STAND PHANTOMAS: ";PPH
960 PRINT "IHR STAND:      ";PSP;
970 FOR L=PL TO PL+127
980 POKE L,0
990 SOUND 0,FR,12,15:SOUND 1,FR,10,8
1000 FR=FR+1
1010 NEXT L
1020 SOUND 0,0,0,0:SOUND 1,0,0,0
1030 FR=0:RESTORE
1040 GOSUB 770:GOTO 290
1050 PRINT X$:PRINT
1060 PRINT "STAND PHANTOMAS: ";PPH
1070 PRINT "IHR STAND:      ";PSP;
1080 BR=1:FR=5
1090 SOUND 0,FR,8,15
1100 SOUND 1,FR,8,15
1110 SOUND 2,FR,8,15
1120 SOUND 3,0,0,0
1130 POKE 53257,BR
1140 FOR Z=0 TO 5:NEXT Z
1150 BR=BR+1:FR=FR+5
1160 IF FR<>20 THEN 1090
1170 SOUND 0,0,0,0:SOUND 1,0,0,0:SOUND 2,0,0,0
1180 POKE 53257,0
1190 POKE 53249,0
1200 RESTORE
1210 GOSUB 770:GOTO 290
```

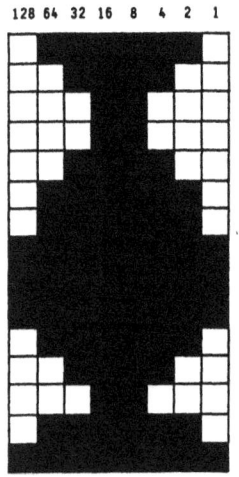
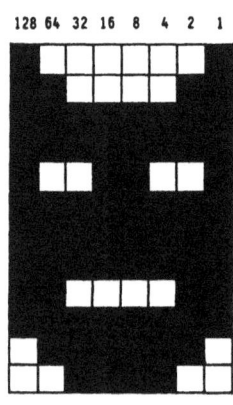
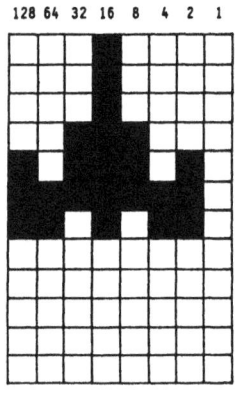

10 bis 40: Die Grafikbetriebsart und die Farben für Hintergrund, Text und Linien werden gewählt.

50 bis 90: Hier stehen die Daten für die drei Player, die in diesem Spiel vorkommen (s. Skizzen).

100: Durch POKE 752,2 wird der normale Cursor unsichtbar, der sonst im Textfenster erscheinen würde. "MOMENT BITTE" wird ausgedruckt, weil der Rechner im Unterprogramm 740 einige Zeit zum Aufbau der Player-Missile-Tabelle benötigt.

110 bis 150: Der Ton C wird gespielt, damit "MOMENT BITTE" nicht so langweilig ist. Mit den PLOT...DRAWTO-Befehlen werden zwei Rahmen auf den Bildschirm gebracht, die die goldene Vase (Player 0) umranden.

160: Im Unterprogramm 740 wird die Player-Missile-Tabelle aufgebaut.

170 bis 190: CHR$(125) löscht das Textfenster. Auf dem zweiten Tonkanal wird die Note E gespielt. Die Verzögerungs-Schleife sorgt dafür, daß der neu gePRINTete Text nicht gleich wieder verschwindet.

200 bis 240: Das Textfenster wird wieder gelöscht und durch neue Texte ersetzt. Zwei weitere Töne erklingen auf dem dritten und vierten Tonkanal.

250 bis 280: Vier Stringvariablen werden für je 40 Zeichen DIMensioniert und in den folgenden Zeilen mit verschiedenen Texten versehen, die im Verlauf des Spiels immer wieder eingeblendet werden.

290 bis 310: Nach Ablauf einer weiteren Verzögerungs-Schleife wird das Textfenster gelöscht und die Tonkanäle abgeschaltet.

320: Mit CHR$(253) kann man den Kontrollton erzeugen, der auch durch Drücken von CONTROL+2 erklingt. In diesem Spiel dient er zum Vorwarnen: Jetzt geht's los!

330: Phantomas ist der zweite Player, der in diesem Spiel benutzt wird. Da für die Festlegung der Form eines Players 128 Byte Speicherplatz benötigt werden und die Vase der erste Player ist, beginnt die Speicheradresse für Phantomas 128 Byte hinter der Adresse der Vase. Dies ist der Sinn von PH=PL+128. Mit POKE 705,138 wird die Farbe von Phantomas bestimmt. Der Wert ergibt sich aus: Farbe*16+Helligkeit. In diesem Beispiel wurde blau (Wert 8) und Helligkeitsstufe 10 gewählt: 8*16+10=138. Sie können jede beliebige Farbe nach dieser Formel ausrechnen und anstelle von 138 in Register 705 einPOKEn. Die Anfangsadresse für die Missiles (in diesem

Fall die Kanonenkugel) liegt in der Player-Missile-Tabelle 128 Byte vor der Adresse des ersten Players. Daher wird MI=PL-128 definiert.

340: Die vertikale Position des Phantomas (V2) soll im Verlauf des Spiels immer wieder verschieden sein. Mit dem Random-Befehl erhalten Sie Werte von 10 bis 69. In diesem Bereich bewegt sich Phantomas. Werte über 69 würden in das untere Textfenster hineinreichen, was in diesem Spiel nicht erwünscht ist.

350: Für Phantomas soll nicht nur die vertikale Position zufällig sein, sondern auch, ob er von der rechten oder linken Seite in den Bildschirm eintritt. Das wird in dieser Zeile vorbereitet.

360 und 370: Wenn der in Zeile 350 zufällige Wert = 0 ist, soll Phantomas von links in den Bildschirm kommen (die Horizontal-Position H=35 liegt außerhalb des sichtbaren Bildschirmbereichs). Wenn die Zufallszahl = 1 ist, soll das blaumaskige Ungetüm von rechts kommen (die Horizontal-Position H=212 liegt ebenfalls außerhalb des sichtbaren Bildschirmbereichs). Die Variable BW (Bewegung) ist sehr wichtig. Denn wenn Phantomas von links kommt, muß bei der weiteren Bewegung H=H+1 gerechnet werden, damit der Player zum rechten Rand wandert. Wenn er jedoch von rechts kommt, muß für die weitere Bewegung H=H-1 gerechnet werden. BW bereitet die jeweils richtige Bewegungsform vor, die in den Zeilen 450 und 460 dann durchgeführt wird.

380 und 390: Hier werden die Daten für Phantomas gelesen und auf den Bildschirm gebracht. FOR D=PH+V2 bedeutet: Daten von der Anfangsadresse für Player 1 + die in Zeile 340 errechnete Vertikalposition. Da Phantomas zwölf Zeilen hoch ist, wird die FOR...NEXT-Schleife ebenso oft durchlaufen. (Ein Player kann 256 Zeilen hoch sein.)

400: Die Lautstärke für den Sound, der bei der Bewegung von Phantomas ertönt, soll von -13 bis +13 reichen. Der Einsatz von Minuswerten durch Umwandlung in Absolutzahlen wurde schon an früheren Stellen des Buches ausführlich erklärt.

410: Die Abfrage von Steuerknüppel (Port 1) und Kopf wird vorbereitet.

420: Durch diese Verzögerungs-Schleife wird erreicht, daß sich die Lautstärke nur bei jedem siebten Schritt von Phantomas verändert. Dies bewirkt, daß der Sound am lautesten ist, wenn der schlitzäugige Dieb die Bildschirmmitte erreicht.

430: Die aktuelle Horizontal-Position von Player 1 (Phantomas) wird auf dem Bildschirm ausgegeben.

440: Für den Bewegungs-Sound von Phantomas werden zwei Tonkanäle aktiviert.

450 und 460: Falls Phantomas von links in den Bildschirm kam, ist BW=0 (vergl. Zeile 360). Bei jedem Durchlauf der FOR...NEXT-Schleifen aus den Zeilen 400 und 420 nimmt die Horizontal-Position um Eins zu. Falls Phantomas von rechts in den Bildschirm kam, ist BW=1 (vergl. Zeile 370). In diesem Fall wird der Horizontal-Position Eins abgezogen.

470: Löscht alle Kollisionsregister für die Player und Missile.

480 und 490: Mit diesen Zeilen wird die Horizontal-Position der Kanone verändert, die Sie mit dem Joystick steuern. Die Kanone bewegt sich genau über dem Textfenster und ist vertikal nicht veränderbar. Durch das Hinzurechnen bzw. Abziehen von 1,3 wird erreicht, daß sich die Kanone immer ein wenig schneller bewegt als Phantomas.

500: Mit dieser Zeile wird festgelegt, wie hoch der Schuß steigt, wenn der Steuerknüppel nach oben gedrückt wird. Am Anfang ist die Position der Kugel kurz über dem Kanonenrohr.

510: "Wenn der Knopf gedrückt wird, dann gehe ins Unterprogramm 630."

520: Die Kanone wird an der aktuellen Bildschirm-Position ausgegeben.

530: Hier werden zwei Kollisionsregister abgefragt. Mit 53261 wird registriert, wenn Player 1 (Phantomas) mit einem anderen Player kollodiert (in diesem Fall die Vase). 53258 registriert Kollisionen vom Missile des dritten Players (Kanone) mit anderen Playern (in diesem Fall die Vase und Phantomas).

540: Wenn in Kollisionsregister 53261 keine Null steht, hat in jedem Fall eine Kollision stattgefunden. PPH soll "Punkte Phantomas" heißen. Wenn das blaue Gruselwesen an die Vase stößt, hat er sie im Sinne dieses Spiels geklaut und bekommt dafür einen Punkt. X$ nimmt dann den Text von A$ an (s. Zeile 260).

550: Wenn im Kollisionsregister 53258 eine Eins steht (Kugel trifft Vase), dann nimmt X$ den Text von B$ an (s. Zeile 270) und geht ins Unterprogramm 940.

560: Wenn in 53258 eine Zwei steht (Kugel tirfft Phantomas), dann nimmt X$ den Text von C$ an (s. Zeile 280). PSP soll "Punkte Spieler" heißen. PSP wird bei erfolgreicher Jagd ein Punkt hinzugerechnet.

570: Korrespondiert mit den Zeilen 420 und 400.

580: Mit dem Register 53277 wird bestimmt, ob nur Player, nur Missiles oder beides auf dem Bildschirm erscheinen sollen (der Wert 2 läßt in dieser Spielsituation nur die Player erscheinen).

590 und 600: Das Gleiche wie 380 und 390; allerdings werden durch POKE X,0 die Daten für Phantomas gelöscht. Das ist notwendig, weil Sie sonst mehrere Blaugesichter zur gleichen Zeit auf den Bildschirm bekommen.

610: Sobald Phantomas über den Bildschirm gewandert ist und seine Daten gelöscht wurden, müssen sie für den nächsten Durchgang RESTOREt werden.

620: Die Variable für die Vertikal-Position von Phantomas wurde in Zeile 340 zufällig bestimmt. Dieser Wert ist noch im Speicher. Um eventuelle Fehlermeldungen zu vermeiden, wird V2 hier auf Null gesetzt.

630: V4 ist die Vertikal-Position für die Kanonenkugel. Sie ist zunächst 85, also kurz über dem Kanonenrohr. Falls Sie den Steuerknüppel vor dem Schuß nach oben gedrückt haben, wird der in Zeile 500 errechnete Wert ZA abgezogen, wodurch die Kugel höher in den Bildschirm wandert.

640: Die Kanonenkugel wird auf dem Bildschirm ausgegeben.

650: Das Register 53254 bestimmt die Horizontal-Position der Kanonenkugel. Sie muß mit der Kanone übereinstimmen (HK aus Zeile 520). Es ist jedoch optisch schöner, wenn HK+3 angegeben wird; das sorgt dafür, daß die Kugel genau über dem Kanonenrohr erscheint.

660: Wie bei 580 beschrieben. Der Wert 3 läßt Player und Missile erscheinen.

670 bis 700: Zum Schuß ertönt ein Sound.

710: Da die Kugel auf dem Bildschirm nach oben wandert, muß die alte Position gelöscht werden. Sie würden sonst im Verlauf des Spiels jede Menge Kugeln oder sogar lange Linien sehen.

720: Die Zählvariable für die Schußhöhe wird wieder auf Null gesetzt.

730: Rücksprung ins normale Programm.

740: In dieses Unterprogramm springt der Rechner gleich zu

Beginn (vergl. Zeile 160). In Register 106 steht die oberste vom BASIC benutzte Adresse (sog. RAMTOP). Der Wert des Registers hängt von der gewählten Grafikbetriebsart ab. Mit PEEK(106)-24 werden 24 "Seiten" für die Player-Missile-Tabelle reserviert. Das verhindert, daß der Rechner diesem RAM-Bereich benutzt und die Daten für die Player und Missiles löscht.

750: Der Tabellenanfang für die Player und Missile muß in Register 54279 abgespeichert werden.

760: Innerhalb der Player-Missile-Tabelle ist die Startadresse für den ersten Player (Vase) an Platz 512. TA (Tabellenanfang) wird mit 256 multipliziert, weil jede "Seite" der Tabelle 256 Byte belegt.

770 und 780: Die gesamte Tabelle, die in diesem Spiel benutzt wird, sollte zu Beginn einmal gelöscht werden, da sich eventuell noch alte Daten darin befinden.

790: Mit V1 wird die Vertikal-Position von Player 0 (Vase) festgelegt.

800: 559 ist ein Kontrollregister. Mit dem Wert 46 wird die gesamte Darstellung der Player und Missile ermöglicht. Sie können diesen POKE zum Spaß einmal weglassen; dann werden Sie möglicherweise gar nichts auf dem Bildschirm sehen.

810: Wurde mit 580 erklärt.

820: 704 ist das Farbregister für Player 0 (Vase). Da die Vase möglichst golden aussehen soll, wurde aus der Farbtabelle Goldgelb (SETCOLOR-Wert 1) gewählt. Der POKE-Wert wird wie in Zeile 330 errechnet: Farbe*16+Helligkeit; also 1*16+14=30. Sie können die Farbe beliebig ändern.

830: Mit Register 53248 wird die Horizontal-Position des ersten Players (Vase) festgelegt.

840 und 850: Wie 380 und 390; hier werden die Daten für die Vase auf den Bildschirm gePOKEt.

860: V3 ist die Vertikal-Position der Kanone; HK die Horizontal-Position. Zu Spielbeginn erscheint die Kanone genau über dem Textfenster.

870: Die Anfangsadresse von Player 2 (Kanone) liegt 256 Byte hinter Player 0.

880 und 890: Wie 380 und 390; hier werden die Daten der Kanone eingelesen. Da dieser Player nur sieben Zeilen hoch ist, muß die FOR...NEXT-Schleife entsprechend weniger Durchläufe machen.

900: Das Farbregister für Player 2 (Kanone) ist 706. Als Farbe wurde ein kräftiges Rot (SETCOLOR-Wert 3) in der Helligkeit 8 gewählt. GePOKEter Wert: 3*16+8=56.

910: Das Register 623 bestimmt die Prioritäten der Player und Missiles. Mit dem Wert 20 wird erreicht, daß die Vase Priorität vor Phantomas, die Kanonenkugel jedoch Priorität vor beiden hat.

920: Wenn der Rechner etwa sieben Minuten lang keine Eingabe über die Tastatur bekommt, führt er automatisch Farbwechsel durch, um den Bildschirm zu schonen. POKE 77,0 schaltet den Farbwechsel aus.

940: In dieses Unterprogramm springt der Rechner, wenn eine Kollision zwischen Phantomas und Vase oder Kugel und Vase stattfindet. Je nach Ereignis wird dann A$ oder B$ auf dem Bildschirm ausgegeben (vergl. Zeilen 540 und 550).

950 und 960: Der Punktestand von Phantomas und Ihnen wird ausgedruckt. Das Semikolon hinter PSP ist wichtig, da sonst ein Zeilenvorschub geleistet wird und die erste Zeile im Textfenster verschwindet.

970 bis 1030: Nachdem die Kollision stattgefunden hat, wird ein Teil der Player-Missile-Tabelle gelöscht (vergl. Zeile 770). Während des Löschens erklingt ein "Enttäuschungs-Sound".

1040: Innerhalb dieses Unterprogramms, das bei Kollisionen aufgerufen wird, springt der Rechner in ein weiteres Unterprogramm (wo die Player neu aufgebaut werden). Danach geht es mit dem normalen Spiel ab Zeile 290 weiter.

1050 bis 1070: In dieses Unterprogramm gelangt der Rechner, wenn die Kugel auf Phantomas trifft. Der entsprechende Text und der Punktestand wird ausgedruckt.

1080: Alle Player und Missiles lassen sich in doppelter und vierfacher Breite darstellen. Das ist ein besonderer Effekt dieser Grafik. Die Register 53256 bis 53259 gelten dabei für die vier möglichen Player; Register 53260 für alles Missiles. Die Werte 0 und 2 geben normale Breite; Wert 1 die doppelte und Wert 3 die vierfache Breite. Sobald die Kugel Phantomas trifft, soll sich seine Breite vergrößern. Das wird mit der Variable BR vorbereitet. FR ist der Frequenzwert, der als erstes zum Treffer ertönen soll.

1090 bis 1120: Auf drei Tonkanälen wird der gleich Klang erzeugt. Der vierte Kanal wird vorübergehend abgeschaltet.

1130: Die Verbreiterung von Phantomas wird gePOKEt.

1140: Eine Verzögerungs-Schleife, die den Soundeffekt etwas länger anhält (in diesem Fall erklingt ein "Puff", mit dem Phantomas schließlich verschwindet).

1150: Die Variable für die Verbreiterung von Phantomas erhöht sich um Eins; dem Frequenzwert wird Fünf hinzugerechnet.

1160: Solange der Frequenzwert 20 nicht erreicht hat, geht der Rechner zur Zeile 1090 zurück. Dadurch ergibt sich folgender Effekt: Beim ersten Mal ist BR=1 (das Gesicht erscheint doppelt so breit als normal). Beim zweiten Mal ist BR=2 (das Gesicht erscheint normal). Beim dritten Mal ist BR=3, was zur vierfachen Breite des Gesichtes führt. Das Ganze geschieht natürlich sehr schnell, so daß Phantomas, wenn er getroffen wird, mit einem Puff-Geräusch kurz in den verschiedenen Breite-Stufen aufblitzt und schließlich verschwindet.

1180: Für den weiteren Verlauf des Spiels wird das Register 53257 (Breite Phantomas) wieder auf Null gesetzt.

1190: Das Verschwinden von Phantomas, nachdem er von der Kugel getroffen wurde, wird erreicht, indem seine Horizontal-Position den Wert Null annimmt. Diese Position liegt außerhalb des sichtbaren Bildschirms.

1200: Alle Daten für die Player und Missile müssen RESTOREt werden, da es sonst zu der Fehlermeldung ERROR - 6 (zu wenig Daten) kommen würde.

1210: Wurde bei 1040 erklärt.

Noten übertragen

Jetzt wird musiziert. (Ah! Toll.) Noten in ein BASIC-Programm umzusetzen ist nichts Kompliziertes - sondern reine Fleißarbeit. (Puh!) Bei einem mittellangen Hit kommen leicht ein paar Hundert DATA-Zeilen zusammen. Trotzdem kann es Spaß machen, Musikstücke in den Computer einzutippen und z.B. als Vorspann für ein Spiel zu nehmen. Nützlich ist das Übertragen von Noten auch, wenn Sie ein Instrument spielen und eine Begleitstimme wünschen. Schließlich können Sie auch eigene Kompositionen mit dem ATARI abspielen und die Klangwirkung prüfen. (Man will ja nicht jedesmal die Berliner Symphoniker bemühen.) Eben.

Wie dem Rechner einfache Töne und Akkorde entlockt werden können wurde schon im ersten Kapitel gezeigt. (Muß man jetzt etwa zurückblättern?) Nein, nicht nötig. Denn mit den Beispielen dort können Sie ohnehin keine "richtigen" Kompositionen übertragen. (Jetzt kommt's 'raus.)

In normalen Musikstücken haben die Noten unterschiedliche Zeitwerte und zum Teil auch verschiedene Lautstärken. Das muß in einem BASIC-Programm berücksichtigt werden. Ein gutes Beispiel ist das berühmte Bourrée von J.S. Bach. Hier gilt es, Viertel- und Achtel-Noten zu übertragen. Die Abbildung unten zeigt die ersten drei Takte des Stücks.

Die obere Zahlenreihe bildet die BASIC-Werte für die Noten der ersten Stimme; die untere Zahlenreihe beschreibt die BASIC-Notenwerte der zweiten Stimme. Als drittes finden Sie noch die Spieldauer für die einzelnen Töne. Dabei wurde der Viertel-Note der Wert 200 zugewiesen; Achtel-Noten bekommen demnach den Wert 100. (Das ist doch klar.) Dann ist ja gut.

Der Trick, Noten unterschiedlicher Dauer zu programmieren, besteht darin, langdauernde Töne zu zerteilen; z.B. eine Viertel-Note in zwei Achtel. Das ist nur für den Rechner ein Unterschied. Als Zuhörer können Sie nichts davon merken. Die Umsetzung der ersten drei Takte des "Bourrée" sieht dann folgendermaßen aus:

```
10 READ S1,S2,D
20 IF S1=-1 THEN END
30 SOUND 0,S1,10,8
40 SOUND 1,S2,10,8
50 FOR Z=0 TO D:NEXT Z
90 GOTO 10
100 DATA 48,162,100
105 DATA 43,172,100
110 DATA 41,193,200
115 DATA 43,145,100
120 DATA 48,145,100
125 DATA 51,129,200
130 DATA 48,145,100
135 DATA 43,145,100
140 DATA 65,162,200
145 DATA 58,172,100
150 DATA 51,172,100
155 DATA 48,193,200
160 DATA 54,172,100
165 DATA 61,172,100
1000 DATA -1,-1,-1
```

S1 und S2 bedeutet "Stimme 1" und "Stimme 2". Die Variable D ist die Tondauer, die durch die FOR...NEXT-Schleife in Zeile 50 abgespielt wird. Die Lautstärke wurde mit dem Wert 8 fest bestimmt.

Sie sehen, daß die Tondauer zwischen 100 und 200 wechselt: Wenn die Noten beider Stimmen gleich sind (z.B. am Anfang des 2. Taktes), kann die Tondauer mit 200 festgelegt werden. Wenn jedoch eine Stimme eine Viertel-Note und die andere eine Achtel-Note spielen soll (z.B. 2. Note im 2. Takt), dann muß dem Rechner für die Viertel-Note zweimal eine Achtel-Note eingegeben werden (s. DATA-Zeilen 115 und 120). Da der Computer beide Werte ohne Unterbrechung spielt, klingen sie wie eine Viertel-Note, während in der ersten Stimme zwei verschiedene Achtel-Noten gespielt werden.

Das Beispiel auf der gegenüberliegenden Seite ist die einfachste Form, ein Musikstück zu übertragen. Es läßt keine Manipulationen der Lautstärken zu, was bei einem ordentlichen Arrangement sicher gewünscht wird. Das folgende Beispiel hat deshalb noch zwei weitere READ-Anweisungen aufgenommen (L1 und L2), mit denen die Lautstärken der ersten und zweiten Stimme verändert werden können (s. DATA-Zeilen 105 und 110).

```
10 READ S1,S2,L1,L2,D
20 IF S1=-1 THEN END
30 SOUND 0,S1,10,L1
40 SOUND 1,S2,10,L2
50 FOR Z=0 TO D:NEXT Z
90 GOTO 10
100 DATA 48,162,8,8,100
105 DATA 43,172,8,8,100
110 DATA 41,193,10,10,200
115 DATA 43,145,8,8,100
120 DATA 48,145,8,8,100
125 DATA 51,129,10,10,200
130 DATA 48,145,8,8,100
135 DATA 43,145,8,8,100
140 DATA 65,162,10,10,200
145 DATA 58,172,8,8,100
150 DATA 51,172,8,8,100
155 DATA 48,193,10,10,200
160 DATA 54,172,8,8,100
165 DATA 61,172,8,8,100
1000 DATA -1,-1,-1,-1,-1
```

Falls Sie das ganze Stück in einem schönen Arrangement hören möchten, können Sie das folgende Listing abschreiben und sich genießerisch zurücklehnen.

```
0 REM BOURREE VON J.S. BACH
10 READ S1,S2,L1,L2,D
20 IF S1=-1 THEN 500
30 SOUND 0,S1,10,L1
40 SOUND 1,S2,10,L2
50 FOR Z=0 TO D:NEXT Z
90 GOTO 10
100 DATA 48,162,8,8,100
105 DATA 43,172,8,8,100
```

```
110 DATA 41,193,10,10,200
115 DATA 43,145,8,8,100
120 DATA 48,145,8,8,100
125 DATA 51,129,10,10,200
130 DATA 48,145,8,8,100
135 DATA 43,145,8,8,100
140 DATA 65,162,10,10,200
145 DATA 58,172,8,8,100
150 DATA 51,172,8,8,100
155 DATA 48,193,10,10,200
160 DATA 54,172,8,8,100
165 DATA 61,172,8,8,100
170 DATA 65,162,10,10,200
175 DATA 72,145,8,8,100
180 DATA 81,145,8,8,100
185 DATA 86,129,10,10,200
190 DATA 81,145,8,8,100
195 DATA 72,145,8,8,100
200 DATA 65,162,8,8,100
205 DATA 72,162,8,8,100
210 DATA 81,129,8,8,100
215 DATA 86,129,8,8,100
220 DATA 97,193,8,12,100
225 DATA 97,172,8,12,100
230 DATA 48,162,10,12,100
235 DATA 43,172,10,12,100
240 DATA 41,193,10,10,200
245 DATA 43,145,8,8,100
250 DATA 48,145,8,8,100
255 DATA 51,129,10,10,200
260 DATA 48,145,8,8,100
265 DATA 43,145,8,8,100
270 DATA 65,162,10,10,200
275 DATA 58,172,8,8,100
280 DATA 51,172,8,8,100
285 DATA 48,193,10,10,200
290 DATA 54,172,8,8,100
295 DATA 61,172,8,8,100
300 DATA 65,162,10,10,200
305 DATA 72,122,8,8,100
310 DATA 81,122,8,8,100
315 DATA 86,108,10,10,200
320 DATA 86,108,8,8,150
325 DATA 81,108,8,8,50
330 DATA 81,162,8,8,0,-1,-1,-1,-1,-1
500 SOUND 2,108,10,8:SOUND 3,129,10,8
520 FOR Z=0 TO 400:NEXT Z
```

Das Prinzip, längere Notenwerte in kürzere aufzuspalten, funktioniert nur, wenn nicht zweimal hintereinander eine identische Note gespielt werden muß; z.B. zweimal die Achtel-Note D. Für den Rechner ist dies dann eine Viertel-Note, die er ohne Anschlag-Unterbrechung spielt.

Aber auch hier gibt es eine Lösung. Genau wie im vorherigen Programm werden im folgenden Stück den Variablen S1, S2 usw. in DATA-Zeilen Werte zugewiesen. Die Variable Z für die Tondauer steht jedoch fest (Zeile 75). Dafür werden nach nach dem Spielen der Noten die Tonkanäle noch einmal angesprochen (Zeilen 80 bis 90) und die Lautstärkenwerte L1, L2 und L3 gespielt. Damit erreichen Sie folgendes: Wenn eine Note ununterbrochen gespielt werden muß, rufen Sie sie in den DATA-Zeilen zwei- oder mehrmals durch eine Lautstärkenregelung auf (z.B Zeilen 180 bis 210, wo der Ton für die 1. Stimme durch die Lautstärke L1=7 mehrmals gespielt wird, während die 2. Stimme durch L2=0 schweigt). Wenn eine Note hingegen mit Anschlag-Unterbrechung gespielt werden muß; rufen Sie sie nur jedes zweite Mal auf (z.B. Zeilen 150 bis 170, wo die 2. Stimme einen Ton im Wechsel L2=0 und L2=4 spielt).

Nach diesem System können Sie praktisch alle Musikstücke in ein BASIC-Programm übertragen. (Und was bringt das folgende Listing?) Das ist der Anfang des Hits "Sounds of Silence" von Simon & Garfunkel.

```
0 REM SOUND OF SILENCE
50 READ S1,S2,S3,L1,L2,L3
55 IF S1=-1 THEN END
60 SOUND 0,S1,10,8:SOUND 1,S2,10,4:SOUND 2,S3,10,4
75 FOR Z=0 TO 100:NEXT Z
80 SOUND 0,S1,10,L1:SOUND 1,S2,10,L2:SOUND 2,S3,10,L3
95 GOTO 50
100 DATA 0,108,0,0,0,0
105 DATA 0,72,0,0,0,0
110 DATA 0,97,0,0,0,0
115 DATA 0,72,0,0,0,0
120 DATA 0,108,0,0,0,0
125 DATA 0,72,0,0,0,0
130 DATA 0,97,0,0,0,0
135 DATA 0,72,0,0,0,0
140 DATA 0,108,0,0,4,0
145 DATA 0,108,0,0,4,0
150 DATA 54,108,216,0,4,0
155 DATA 54,108,216,0,0,0
160 DATA 46,72,182,0,4,0
```

```
165 DATA 46,72,182,0,0,0
170 DATA 36,91,145,0,4,0
175 DATA 36,91,145,0,0,0
180 DATA 41,122,162,7,0,3
185 DATA 41,81,162,7,0,3
190 DATA 41,108,162,7,0,3
195 DATA 41,81,162,7,0,3
200 DATA 41,122,162,7,0,3
205 DATA 41,81,162,7,0,3
210 DATA 41,108,162,7,0,3
215 DATA 41,81,162,0,0,0
220 DATA 0,122,0,2,3,2
225 DATA 61,122,242,0,3,0
230 DATA 61,122,242,0,3,0
235 DATA 61,122,242,0,0,0
240 DATA 48,81,193,0,3,0
245 DATA 48,81,193,0,0,0
250 DATA 41,97,162,0,3,0
255 DATA 41,97,162,0,0,0
260 DATA 46,108,193,7,0,3
265 DATA 46,72,193,7,0,3
270 DATA 46,97,193,7,0,3
275 DATA 46,72,193,7,0,3
280 DATA 46,108,193,7,0,3
285 DATA 46,72,193,7,0,3
290 DATA 46,97,193,7,0,3
295 DATA 46,71,193,0,0,0
300 DATA 0,108,0,0,4,0
305 DATA 46,108,182,0,3,0
310 DATA 46,108,182,0,3,0
315 DATA 46,108,182,0,3,0
320 DATA 36,91,144,0,4,0
325 DATA 36,91,144,0,0,0
330 DATA 31,72,122,0,4,0
335 DATA 31,72,122,0,0,0
340 DATA 27,91,108,7,0,3
345 DATA 27,54,108,7,0,3
350 DATA 27,68,108,7,0,3
355 DATA 27,54,108,0,0,0
360 DATA 31,91,122,7,0,3
365 DATA 31,61,122,7,0,3
370 DATA 31,81,122,7,0,3
375 DATA 31,61,122,0,0,0
380 DATA 0,72,0,0,4,0
385 DATA 0,72,0,0,4,0
390 DATA -1,-1,-1,-1,-1,-1
```

ATARI-Metronom

Wer außer mit dem Computer auch noch mit einem anderen Instrument Musik macht, wird an diesen kurzen Kapitel Spaß finden.

Denn das folgende Programm bietet ein echtes Metronom (Taktzähler) mit bequemen Einstellmöglichkeiten und schöner Bildschirmgrafik. Der Rechner beginnt mit "M.M. = 60" also 60 Taktschläge pro Minute als Voreinstellung. Weitere Erklärungen sind nicht notwendig, da das Programm sich selbst erklärt.

```
0 REM ATARI-METRONOM
10 GRAPHICS 1
20 SETCOLOR 0,3,10
30 SETCOLOR 1,8,10
40 SETCOLOR 2,10,0
50 POKE 752,1
60 POSITION 2,2:PRINT #6;"atari - metronom"
70 PRINT "STOP = S   VERSTELLEN MIT  <   ODER  >"
80 PRINT
90 PRINT "SPIELEN = RETURN"
100 MM=60
110 POKE 764,255
120 A=PEEK(764)
130 IF A=55 THEN MM=MM+0.1
140 IF A=54 THEN MM=MM-0.1
150 IF A=12 THEN GOTO 210
160 POSITION 5,10:PRINT #6;"M.M.";
170 COLOR 61:PLOT 9,10
180 POSITION 12,10:PRINT #6;INT(MM),
190 IF PEEK(753)=0 THEN GOTO 120
200 GOTO 120
210 SOUND 0,255,10,15
220 SOUND 1,100,12,15
230 SOUND 2,100,2,15
240 FOR Z=0 TO 2:NEXT Z
250 SOUND 0,0,0,0
260 SOUND 1,0,0,0
270 SOUND 2,0,0,0
280 FOR Z=0 TO 23040/MM:NEXT Z
290 IF PEEK(764)=62 THEN GOTO 120
300 GOTO 210
```

10 bis 40: Die Grafikbetriebsart und die Feld- und Zeichenfarbe wird gewählt.

50: Da das Textfenster erhalten bleibt, wäre der Cursor sichtbar, wenn er nicht mit POKE 752,1 (oder einem anderen Wert über 0) ausgeschaltet würde.

60: In Spalte 2, Zeile 2 soll der Text "atari - metronom" erscheinen. Die Kleinschrift erreichen Sie durch Drücken der Taste CAPS. Wenn Sie in den Grafikbetriebsarten 1 und 2 die Kleinschrift wählen, um normale Texte zu PRINTen, erscheinen auf dem Bildschirm Großbuchstaben, jedoch in einer anderen Farbe als gePRINTete Großbuchstaben.

70 bis 90: Diese Texte erscheinen im Textfenster in normal großer Schrift. Sie können den Buchstaben S, die Steuerpfeile und RETURN invertiert schreiben, damit sie sich besser vom Text abheben. Sie brauchen lediglich die ATARI-Taste zu drücken, bevor Sie die betreffenden Zeichen schreiben.

100: Die Anfangs-Einstellung des Metronoms wird mit 60 Taktschlägen pro Minute festgelegt.

110: Das Register 764, das den Tastatur-Code für die zuletzt gedrückte Taste enthält, wird mit POKE 764,255 gelöscht und damit für die Abfragen in den Zeilen 120 und 290 vorbereitet.

120: Mit PEEK(764) kann ermittelt werden, welche Taste als letztes gedrückt wurde (vergl. Tastatur-Code, Anhang C).

130 und 140: Die Taste > hat den Tastatur-Code 55. Wenn sie gedrückt wird, soll sich die Anzahl der Taktschläge pro Minute erhöhen. Die Addition MM=MM+0.1 wurde zur besseren Handhabung gewählt. Wenn Sie MM=MM+1 schreiben, erhöht sich der Wert so schnell, daß eine genaue Einstellung erschwert wird. Der Tastatur-Code für die Taste < ist 54. Wenn sie gedrückt wird, soll sich die Anzahl der Taktschläge pro Minute verringern.

150: Wenn Sie Ihre Einstellung beendet haben, können Sie durch Drücken von RETURN (Tastatur-Code 12) das Metronom zum Spielen bringen.

160: In Spalte 5, Zeile 10 soll der Text "M.M." gePRINTet werden.

170: Wenn Sie in die PRINT-Anweisung aus Zeile 160 noch ein Gleichheitszeichen gesetzt hätten, würde es auf dem Bildschirm nicht erscheinen, da es sich in einem anderen Zeichensatz befindet. Mit COLOR 61 können Sie das Gleichheitszeichen aufrufen und mit PLOT hinter "M.M." setzen.

180: Hinter dem Text "M.M. = " wird die aktuelle Einstellung des Metronoms gezeigt. Das Komma am Ende ist wichtig, weil damit die Zeile bis zum nächsten Tabulator-Stop gelöscht wird. Der Nutzen ist ganz offensichtlich: Wenn Sie aus einer Einstellung von z.B. 120 wieder in einen Bereich unter 100 gehen, bleiben ohne Löschen der Zeile die Werte der dritten Stelle auf dem Bildschirm. Sie können das einmal ausprobieren, indem Sie das Komma weglassen.

200: Solange die RETURN-Taste nicht gedrückt wird, bleibt der Rechner bereit für Ihre Einstellungen.

210 bis 270: Hier wird der Takt-Sound erzeugt. Es handelt sich um ein kurzes "Klacken". Falls Ihnen die Frequenzen nicht gefallen, können Sie natürlich andere nehmen.

280: In dieser Zeile wird die eigentliche Taktmessung durchgeführt. Der Wert 23040 entsteht durch eine einfache Rechnung: Wenn die FOR...NEXT-Schleife 384 mal durchlaufen wird, ertönt jede Sekunde ein Taktschlag. Das Taktmaß M.M. = 60 bildet die Grundlage für alle anderen Einstellungen (60 * 384 = 23040). Wenn Sie z.B. 75 Schläge pro Minute haben wollen, errechnet sich der Wert für die FOR...NEXT-Schleife 23040:75 = 307,2. Die FOR...NEXT-Schleife wird nun 307 mal durchlaufen. Damit erreichen Sie genau 75 Schläge pro Minute. Ebenso funktionieren alle anderen Einstellungen.

290: Wenn die Taste S gedrückt wird, können neue Einstellungen vorgenommen werden.

Der gesteuerte Zufall

Da der Computer Zufallszahlen erzeugen kann, kann er auch Zufallstöne erzeugen. Ein einfaches Beispiel ist dieses kurze Programm:

```
10 A=INT(256*RND(0))
20 SOUND 0,A,10,10
30 FOR Z=0 TO 300:NEXT Z
40 GOTO 10
```

Hier werden aus den Frequenzwerten, die in BASIC zur Verfügung stehen, ständig neu generierte Zufallstöne gespielt. Die Zeitdauer der FOR...NEXT-Schleife steht dabei fest. Aber auch dieser Wert läßt sich zufällig bestimmen. Das Programm sieht dann folgendermaßen aus:

```
10 A=INT(256*RND(0))
15 B=INT(200*RND(0))+200
20 SOUND 0,A,10,10
30 FOR Z=0 TO B:NEXT Z
40 GOTO 10
```

Durch die Ergänzung von Zeile 15 werden zwischen 200 und 400 FOR...NEXT-Durchläufe unternommen. (Offen gestanden klingt das alles nicht besonders gut.) Das ist kein Wunder. Denn es handelt sich lediglich um eine wahllose Zusammenstellung von Tönen und Zeiteinheiten. Man kann den Rechner aber auch anweisen, die von ihm erzeugten Zufallswerte zu ordnen und nur Töne auszugeben, die miteinander harmonisch klingen. Dazu das folgende Programm:

```
10 A=INT(2*RND(0))
20 C=INT(2*RND(0))
30 IF A=0 THEN F=122
40 IF A=1 THEN F=97
50 IF C=0 THEN D=200
60 IF C=1 THEN D=400
70 SOUND 0,F,10,10
80 FOR Z=0 TO D:NEXT Z
90 GOTO 10
```

In den Zeilen 10 und 20 werden jeweils zwei Zufallszahlen (0 oder 1) erzeugt. Zeile 30 lautet: "Wenn die erzeugte Zufallszahl = 0 ist, dann laß den Frequenzwert = 122 sein." Zeile 40 lautet: "Wenn die erzeugte Zufallszahl = 1 ist, dann laß den Frequenzwert = 97 sein." In den Zeilen 50 und 60 soll die Zeitdauer je nach erzeugtem Zufall 200 oder 400 betragen. In den nächsten Zeilen wird dann die Frequenz in der der entsprechenden Zeitdauer gespielt. (Das klingt schon etwas besser.) Ja, ist auf die Dauer aber langweilig, weil immer nur zwischen zwei Tönen gewählt wird.

Mit dem folgenden Beispiel wird ein zweiter Tonkanal aktiviert und durch die Zeile 20 eine zweite Frequenzwahl getroffen (vergl. mit den Zeilen 60 und 70). Als Ergebnis hören Sie zufällig erzeugte Harmonien, denn die Frequenzwerte bilden den C-Dur Grundakkord.

```
10 A=INT(2*RND(0))
20 B=INT(2*RND(0))
30 C=INT(2*RND(0))
40 IF A=0 THEN F=122
50 IF A=1 THEN F=97
60 IF B=0 THEN F2=97
70 IF B=1 THEN F2=81
80 IF C=0 THEN D=200
90 IF C=1 THEN D=400
100 SOUND 0,F,10,10
110 SOUND 1,F2,10,10
120 FOR Z=0 TO D:NEXT Z
130 GOTO 10
```

Nach diesem Prinzip kann nun ein Programm entwickelt werden, das eine sehr wohlklingende Zufallskomposition hervorbringt. (Ist das die computerakustische Endlos-Symphonie?) Zumindest so lange, bis die BREAK-Taste gedrückt wird.

```
100 A=INT(15*RND(0))
110 B=INT(7*RND(0))
120 IF A=0 THEN T1=122
130 IF A=1 THEN T1=108
140 IF A=2 THEN T1=97
150 IF A=3 THEN T1=91
160 IF A=4 THEN T1=81
170 IF A=5 THEN T1=72
180 IF A=6 THEN T1=65
190 IF A=7 THEN T1=54
200 IF A=8 THEN T1=48
210 IF A=9 THEN T1=45
```

```
220 IF B=0 THEN T2=242
230 IF B=1 THEN T2=216
240 IF B=3 THEN T2=193
250 IF B=4 THEN T2=182
260 IF B=5 THEN T2=162
270 N=INT(2*RND(0))+1
280 SOUND N,T1,10,8
290 SOUND 0,T2,10,10
300 FOR X=0 TO 80:NEXT X
310 GOTO 100
```

Die Zeile 100 erzeugt Zufallswerte zwischen 0 und 14. In den folgenden Zeilen werden jedoch nur 10 Zahlen für Frequenzwerte definiert. Dies hat zur Folge, daß den Zahlen 10 bis 14 keine neuen Frequenzen zugewiesen, sondern die davor gespielte erhalten bleiben. Damit erreichen Sie Notenwerte unterschiedlicher Zeitdauer; also zufällige Achtel-, Viertel-, Halbe- oder Ganze Noten.

Mit den tiefen Tönen (Variable B) wurde ebenso verfahren. Als weiterer Trick wird in Zeile 270 bei jedem Durchgang zufällig bestimmt, ob die Frequenz T1 von Tonkanal 1 oder 2 gespielt werden soll. Wenn z.B. dreimal hintereinander Kanal 1 benannt wird, spielt unterdessen Kanal 2 die Frequenz weiter, die ihm als letztes zugewiesen wurde. Dadurch hören Sie manchmal langanhaltende Klänge im Wechsel mit kurzen Tonfolgen.

Mit dem Erzeugen von zufälligen Melodien sind die kompositorischen Möglichkeiten des ATARI keineswegs erschöpft. (Was liegt denn noch drin?) Wie wär's mit einem zufälligen Kanon oder einer Fuge? (Wie soll das denn gehen?) Bei dem folgenden Programm wartet die zweite Stimme mit ihrem Einsatz, bis die erste Stimme acht Töne gespielt hat. Dann wiederholt sie die Noten der ersten Stimme eine Oktave tiefer. Die so entstehende zweistimmige Fuge kann freilich nicht mit dem "Wohltemperierten Klavier" konkurrieren; aber sie bietet einen angenehmen Unterhaltungswert.

```
10 DIM F2(63)
20 FOR X=0 TO 63
30 A=INT(12*RND(0))
40 IF A=0 THEN F1=122
50 IF A=1 THEN F1=108
60 IF A=2 THEN F1=97
70 IF A=3 THEN F1=91
80 IF A=4 THEN F1=81
90 IF A=5 THEN F1=72
100 IF A=6 THEN F1=65
```

```
110 IF A=7 THEN F1=61
120 IF A=8 THEN F1=54
130 IF A=9 THEN F1=48
140 IF A=10 THEN F1=46
150 F2(S2)=F1*2
160 S2=S2+1
170 T=T+1
180 IF T>=8 THEN S3=S2-8:GOTO 220
190 SOUND 0,F1,10,10
200 FOR Z=0 TO 100:NEXT Z
210 NEXT X
220 SOUND 0,F1,10,10
230 SOUND 1,F2(S3),10,7
240 S3=S3+1
250 FOR Z=0 TO 100:NEXT Z
260 NEXT X
270 SOUND 0,F1,10,10
280 SOUND 1,F2(S3),10,7
290 FOR Z=0 TO 800:NEXT Z
```

10: Da sich die zweite Stimme an den Tönen der ersten orientiert, müssen alle erzeugten Frequenzwerte abgespeichert werden. Dazu dient diese indizierte Variable.

20: Die Zufallskomposition soll nach 64 Takten enden.

30 bis 140: Wurde in den vorhergehenden Programmbeispielen erklärt.

150 und 160: S2 ist der Index für die Variable F2 (Frequenz 2). Bei jedem Durchlauf der FOR...NEXT-Schleife erhöht sich der Index-Wert. Dabei wird immer die Note der ersten Stimme von als Grundlage für die zweite Stimme genommen (F1 * 2 bringt den gleichen Notenwert eine Oktave höher). Sie können den Multiplikator zum Spaß auch einmal weglassen; dann spielt die zweite Stimme die gleichen Töne wie die erste. (Und das wäre dann ein Kanon?) Genau.

170 und 180: Sobald die Zählvariable T1 den Wert 8 erreicht hat (oder größer ist), wird der Index der zweiten Stimme (S2) durch eine neue Index-Variable (S3) um 8 reduziert. Wenn danach im Unterprogramm ab Zeile 220 die Frequenz F2 gespielt wird, entsprechen die Noten immer denen der ersten Stimme vor acht Takten.

190: Solange die Variable T noch nicht den Wert 8 erreicht hat, wird Zeile 180 übersprungen und hier nur die aktuelle Note der ersten Stimme gespielt.

200: Eine Verzögerungs-Schleife, die die Tondauer bestimmt.

Sie können mit der Zeit experimentieren und sie erhöhen oder reduzieren.

210: Der nächste Zufallston wird aufgerufen.

220 und 230: Sobald die Zählvariable T den Wert 8 erreicht oder überschritten hat, erklingt zur ersten auch die zweite Stimme.

240: Der Zähler für den Index der zweiten Stimme.

260: Da der Rechner immer zur 220 springt, sobald T=8 ist, muß an dieser Stelle die FOR...NEXT-Schleife zur Zeile 20 erneut geschlossen werden.

270 bis 290: Als Schlußakkord dieser Zufallskomposition werden die Noten der ersten und zweiten Stimme für die Dauer von 800 FOR...NEXT-Durchläufen gespielt.

Falls Sie zu den zufälligen Tönen auch zufällige Grafik sehen möchten, ergänzen Sie das Programm durch folgende Zeilen:

```
1 GRAPHICS 3+16
2 SETCOLOR 4,10,14
3 SETCOLOR 0,3,8
4 SETCOLOR 1,1,12
5 SETCOLOR 2,5,10
31 B=INT(40*RND(0))
32 C=INT(24*RND(0))
33 D=INT(3*RND(0))+1
171 COLOR D:PLOT B,C
300 CLR :RUN
```

In der Grafikbetriebsart 3 stehen 40 Spalten und 24 Zeilen zur Verfügung. Außerdem können vier Farben mit jeweils acht Helligkeitsstufen gewählt werden. In den Zeilen 31 bis 33 werden zufällige Spalten, Zeilen und Farben gewählt, die als Bildpunkte mit Zeile 171 gePLOTtet werden. Zeile 330 sorgt dafür, daß nach Ablauf des Programms alle Variablen auf Null gesetzt werden und der ganze Spaß von vorn beginnt.

Mehr zum Thema Zufallsgrafik finden Sie in dem Buch "ATARI: Spiele programmieren - Schritt für Schritt" von Karl-Heinz Koch, das ebenfalls im Birkhäuser Verlag erschienen ist.

Der Direktzugriff

Eigentlich ist alles ganz einfach: Sie müssen nur den Frequenzwert ins AUDF-Register POKEn, die Bits 0 bis 3 für die Lautstärke im AUDC-Register setzen und noch die entsprechenden Werte für die Verzerrung; das sind die Bits 5 bis 7. Aber das ist ja sowieso klar. Wenn Sie dann noch Lust haben, jagen Sie 1,79 MHz statt 64 KHz durch die Verschieberegister und schalten Kanal 1 und 2 zusammen, um eine 16-Bit-Frequenzwahl zu erreichen; oder...(Äh, Moment mal. Lieber doch der Reihe nach.) Na gut.

Zunächst gibt es bei den alten ATARI-Modellen den eingebauten Lautsprecher, der immer den hübschen Kontrollton von sich gibt, wenn man CONTROL+2 drückt. Bei den neuen Modellen sind die Funktionen des Konsolenlautsprechers auf den Monitor bzw. das Fernsehgerät übertragen worden.

Über die Adresse 53279 können Sie den Lautsprecher direkt programmieren. Versuchen Sie folgendes Programm:

```
10 FOR X=0 TO 255
20 POKE 53279,X
30 NEXT X
```

Nun hören Sie ein Schnarren. Der Vorteil des direkten Zugriffs auf den Lautsprecher liegt darin, daß er unabhängig von den vier Tongeneratoren aktiviert werden kann. Damit können Sie sich eine fünfte Geräuschquelle schaffen. Schreiben Sie folgende Anweisungen ohne Zeilennummern nacheinander auf den Bildschirm und drücken Sie jedesmal RETURN.

```
SOUND 0,122,10,2
SOUND 1,97,10,2
SOUND 2,81,10,2
SOUND 3,68,10,2
```

Da Sie das obenstehende 3-Zeilen-Programm noch im Rechner haben, tippen Sie nun: GOTO 10. Nach RUN hören Sie, daß der Lautsprecher unabhängig von den vier Tonkanälen aktiv ist. Mit dem Beispiel auf der folgenden Seite bringen Sie den den gesamten ASCII-Zeichensatz auf den Bildschirm, wobei nach jedem einzelnen Ausdruck der Lautsprecher einen kurzen Klickton von sich gibt.

```
10 FOR X=0 TO 255
20 PRINT CHR$(X);
30 POKE 53279,255
40 FOR Z=0 TO 20:NEXT Z
50 POKE 53279,0
60 NEXT X
```

Nun zu den Tonkanälen, die in BASIC mit SOUND 0 bis 3 angesprochen werden. Ihre eigentliche Bezeichnung ist Audiofrequenz-Register bzw. AUDFn-Register. (Hört sich richtig professionell an.) Eben drum.

Register	Adresse	Entspricht
AUDF0	53760	SOUND 0,X,.,.
AUDF1	53762	SOUND 1,X,.,.
AUDF2	53764	SOUND 2,X,.,.
AUDF3	53766	SOUND 3,X,.,.

Bit							
7	6	5	4	3	2	1	0
(128)	(64)	(32)	(16)	(8)	(4)	(2)	(1)
Frequenzwerte 0 bis 255							

In diese Register werden die Frequenzwerte gePOKEt, die sonst in der SOUND-Anweisung stehen; z.B. entspricht POKE 53760,122 dem Befehl SOUND 0,122,.,. (He, da fehlt doch was!) Stimmt; Verzerrung und Lautstärke. Jedes AUDFn-Register hat noch ein Kontrollregister (AUDCn-Register), mit dem die beiden anderen Werte eines gePOKEten Sounds bestimmt werden. Die Bits dieser Kontrollregister sind folgendermaßen aufgeteilt:

Register	Adresse	Entspricht
AUDC0	53761	SOUND 0,.,X,X
AUDC1	53763	SOUND 1,.,X,X
AUDC2	53765	SOUND 2,.,X,X
AUDC3	53767	SOUND 3,.,X,X

Bitbelegung der Audio-Kontroll-Register							
7 (128)	6 (64)	5 (32)	4 (16)	3 (8)	2 (4)	1 (2)	0 (1)
Verzerrung siehe unten			siehe nächste Seite	Lautstärke 0 bis 15			
0			+ Lautstärke	entspricht Verzerrung 0			
32			+ Lautstärke	entspricht Verzerrung 2			
64			+ Lautstärke	entspricht Verzerrung 4			
64 + 32 = 96			+ Lautstärke	entspricht Verzerrung 6			
128			+ Lautstärke	entspricht Verzerrung 8			
128 + 32 = 160			+ Lautstärke	entspricht Verzerrung 10			
128 + 64 = 192			+ Lautstärke	entspricht Verzerrung 12			
128 + 32 + 64 = 224			+ Lautstärke	entspricht Verzerrung 14			

Wenn z.B. die BASIC-Anweisung SOUND 0,122,10,10 gePOKEt werden soll, muß folgendes Programm geschrieben werden:

```
10 POKE 53760,122
20 POKE 53761,170
30 FOR Z=0 TO 500:NEXT Z
```

Falls Sie den gleichen Ton z.B. in der Verzerrung 12 hören wollen, ändern Sie Zeile 20:

```
20 POKE 53761,202
```

(Und was soll das alles?) Stimmt. Solange es nur um ganz normale Töne geht, ist die Anwendung des SOUND-Befehls bequemer. Interessant wird der Direktzugriff erst, wenn besondere Effekte erzielt werden sollen, wie dies z.B. mit dem vierten Bit der AUDC-Register möglich ist. Mit ihm können Sie die Position der Membran im Lautsprecher direkt bestimmen und damit Töne ohne Frequenzangabe erzeugen. Versuchen Sie folgendes Programm:

```
0 REM BEISPIEL 1
10 FOR X=-16 TO 16
20 POKE 53761,16+ABS(X)
30 NEXT X
40 GOTO 10
```

Durch Drücken der Taste BREAK können Sie das Programm stoppen. Die Möglichkeiten dieser Art direkter Tonerzeugung sind praktisch unbegrenzt. Sie können tagelang experimentieren. Hier noch einige Anregungen:

```
0 REM BEISPIEL 2
10 FOR X=-32 TO 32
20 POKE 53761,16+ABS(X)
30 NEXT X
40 GOTO 10

0 REM BEISPIEL 3
10 FOR X=-32 TO 32 STEP 8
20 POKE 53761,16+ABS(X)
30 NEXT X
40 GOTO 10

0 REM BEISPIEL 4
10 FOR X=-64 TO 32 STEP 8
20 POKE 53761,16+ABS(X)
30 NEXT X
40 GOTO 10

0 REM BEISPIEL 5
10 FOR X=128 TO 64 STEP -1
20 POKE 53761,16+ABS(X)
30 NEXT X
40 GOTO 10

0 REM BEISPIEL 6
10 FOR X=64 TO 128 STEP 2
20 POKE 53761,16+ABS(X)
30 NEXT X
40 GOTO 10

0 REM BEISPIEL 7
10 FOR X=239 TO 159 STEP -2
20 POKE 53761,16+X
30 NEXT X
40 GOTO 10
```

Außer den Audiofrequenz- und Audio-Kontroll-Registern gibt es noch ein weiteres Kontroll-Register, mit dem alle vier Tonkanäle gleichzeitig gesteuert werden. Es handelt sich dabei um die Speicherstelle 53768 mit der Bezeichnung AUDCTL. Da mit diesem Register sehr umfangreiche Sound-Manipulationen möglich sind, wird nachfolgend die Funktion jedes einzelnen Bits erklärt.

Register	Adresse	Bit
AUDCTL	53768	0

Durch Setzen von Bit 0 (Dezimalwert 1) wird der Eingabetakt für alle Audiofrequenz-Register von 64 KHz auf 15 KHz geschaltet. (So, so.) Jeder Computer arbeitet in einem bestimmten Takt, der mit dem Herzschlag vergleichbar ist. Mit jedem "Pulsschlag" des Rechners (Systemtakt) werden einzelne Arbeitsleistungen durchgeführt. Der Systemtakt des ATARI ist sehr schnell. Es gibt einen Haupttaktgeber, der mit 1,79 MHz läuft; das sind 1 790 000 Pulsschläge pro Sekunde. Außerdem gibt es mehrere Nebentaktgeber für spezielle Funktionen. Dazu zählt auch die Steuerung der Audiofrequenz-Register. Sie werden normalerweise mit 64 KHz getaktet. Diese Pulse werden einem sog. Frequenzteiler zugeführt, mit dem die vielen einzelnen Töne erst möglich werden. Folgende Skizze verdeutlicht dies:

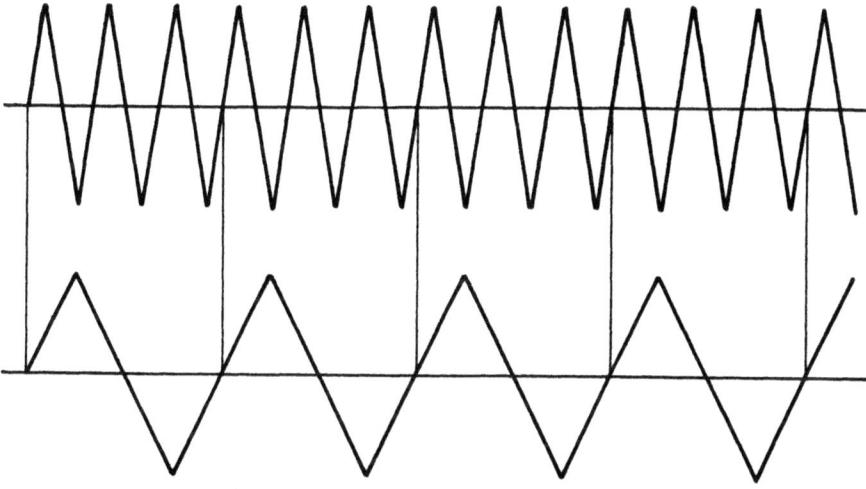

Wenn Sie z.B. in einem SOUND-Befehl die Frequenz 4 wählen, läßt der Frequenzteiler vom Eingabetakt (64 KHz) nur jede vierte Schwingung als Ausgabetakt durch. (Das ist aber eine sehr unbrüderliche Teilung.) So unterscheidet sich der Computer von der Heilsarmeee.

Durch Setzen von Bit 0 im AUDCTL wird der Eingabetakt von 64 KHz auf 15 KHz vermindert. Wenn Sie nun die Frequenz 4 mit einem SOUND-Befehl wählen, wird wiederum jede vierte

Schwingung vom Frequenzteiler herausgefiltert und zur Ausgabe gebracht. Jedoch erzeugt 15000 : 4 (= 3750 Hz) einen wesentlich tieferen Ton als 64000 : 4 (= 16000 Hz).

Versuchen Sie dazu folgendes Programm, mit dem zunächst der Ton C normal gespielt wird. In Zeile 40 wird dann der Eingabetakt für den Frequenzteiler auf 15 KHz abgesenkt, so daß die gleiche Frequenzangabe wesentlich tiefer klingt.

```
10 POKE 53760,122
20 POKE 53761,170
30 FOR Z=0 TO 1000:NEXT Z
40 POKE 53768,1
50 FOR Z=0 TO 1000:NEXT Z
```

Anstelle der ersten beiden POKE-Zeilen können Sie auch den Befehl SOUND 0,122,10,10 geben. (Nein, nein. Wir sind jetzt beim Direkt-Programmieren, und dabei bleibt es!) Na schön.

Der Frequenzwert 122 ergibt bei vermindertem Eingabetakt natürlich nicht mehr den Ton C, sondern einen Notenwert, der mehr als zwei Oktaven tiefer liegt. Mit dem folgenden Programm können Sie den Unterschied ermitteln. Sie müssen jedoch zuerst wieder 53768,0 POKEn!

```
10 POKE 53760,54
20 POKE 53761,170
30 FOR Z=0 TO 1000:NEXT Z
40 POKE 53768,1
50 FOR Z=0 TO 1000:NEXT Z
60 POKE 53768,0
70 POKE 53760,222
80 FOR Z=0 TO 1000:NEXT Z
```

Sie hören zunächst den Ton D (BASIC-Frequenzwert 54). Dann wird der Eingabetakt auf 15 KHz vermindert und der neue Ton gespielt. Durch Zeile 60 taktet AUDCTL dann wieder mit 64 KHz, während mit Zeile 70 der BASIC-Frequenzwert 222 gespielt wird. Dieser Ton liegt zwischen Cis und D (s. Klaviatur Seite 11) und ist identisch mit dem Ton 54, wenn dieser aus einem mit 15 KHz getakteten Frequenzteiler kommt.

Durch Setzen von Bit 0 im AUDCTL können Sie ganz neue Geräuscheffekte erzielen. Mit dem folgenden Programm wird der Frequenzwert 100 in der Verzerrung 2 gespielt. Der Wert 47 ergibt sich aus 32 für die Verzerrung 2 (vergl. Tabelle Seite 105) + 15 für die Lautstärke. Sie können zum Spaß auch andere Frequenzen mit diesem Programm versuchen.

```
10 A=53760
20 POKE A+8,1
30 POKE A+1,47
40 POKE A,100
50 FOR Z=0 TO 1000:NEXT Z
```

Im nächsten Beispiel wechseln sich die Frequenzwerte 100 und 1 innerhalb der FOR...NEXT-Schleife ständig ab, was einen sehr interessanten Effekt mit sich bringt.

```
10 A=53760
20 POKE A+8,1
30 POKE A+1,47
40 FOR Z=0 TO 500
50 POKE A,100
60 POKE A,1
70 NEXT Z
```

Durch eine kleine Änderung in Zeile 30 kann das gleiche Programm einen ganz anderen Soundeffekt bringen. Der Wert 143 entsteht aus 128 für die Verzerrung + 15 für die Lautstärke.

```
30 POKE A+1,143
```

Interessante, neue Effekte lassen sich auch erzielen, wenn der Eingabetakt ständig wechselt und die Frequenz dabei gleich bleibt. Im nachfolgenden Beispiel wird die BASIC-Frequenz 100 auf diese Weise manipuliert.

```
10 A=53760
20 POKE A+1,175
30 FOR Z=0 TO 500
40 POKE A+8,1
50 POKE A,100
60 POKE A+8,0
70 NEXT Z
```

Wenn Sie nicht nur den Eingabetakt ständig wechseln, sondern auch die Frequenzen, erreichen Sie weitere Geräuscheffekte. Bei der nächsten Übung wechseln die Frequenzwerte 10 und 20 sowie die Eingabetakte 64 KHz und 15 KHz.

```
10 A=53760
20 POKE A+1,207
30 FOR Z=0 TO 500
40 POKE A+8,1
50 POKE A,10
60 POKE A+8,0
70 POKE A,20
80 NEXT Z
```

Register	Adresse	Bit
AUDCTL	53768	1

Durch Setzen von Bit 1 (Dezimalwert 2) wird AUDF1 zum Hochpaßfilter für die Frequenzen aus AUDF3. (So ein Hochpaßfilter hat wahrscheinlich wenig mit einem Kaffeefilter zu tun, oder?) Im Gegenteil. Zwischen den beiden gibt es kaum ein Unterschied: Sie wie ein Kaffeefilter nur die feinen Kaffebestandteile durchläßt, so läßt ein Hochtonfilter nur die hohen Töne einer Frequenz durch. Folgende Skizze verdeutlicht dies:

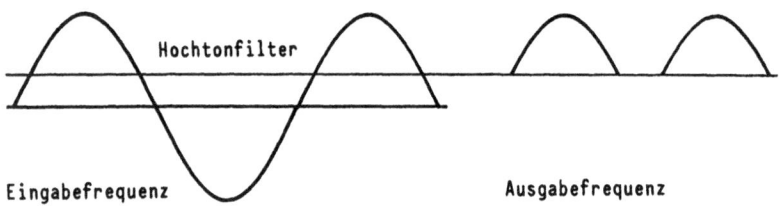

Mit dem folgenden Programm erreichen Sie, daß AUDF1 nur Töne passieren läßt, die über den Frequenzwerten aus AUDF3 liegen.

```
10 SOUND 0,0,0,0
20 A=53760
30 POKE A+8,2
40 POKE A+3,47
50 POKE A+6,200
60 POKE A+2,100
70 FOR Z=0 TO 500:NEXT Z
```

Durch Änderung von Zeile 60 können Sie einen ganz anderen Effekt erzielen:

60 POKE A+2,10

Ändern Sie jetzt Zeile 40:

40 POKE A+3,175

Nun hören Sie ein schrilles Klingeln. Durch Einfügen der nächsten Zeile wird auch AUDF3 hörbar:

35 POKE A+7,175

Genau wie beim Bit 0 gezeigt, ist es möglich, Bit 1 im ständigen Wechsel ein- und auszuschalten. Dadurch können weitere interessante Effekte erzielt werden. Im folgenden Programm wird in Zeile 30 der Hochtonfilter für AUDF3 aktiviert und in Zeile 80 wieder ausgeschaltet.

```
10 SOUND 0,0,0,0
20 A=53760
25 FOR Z=0 TO 100
30 POKE A+8,2
35 POKE A+7,47
40 POKE A+3,175
50 POKE A+6,200
60 POKE A+2,20
80 POKE A+8,0
90 NEXT Z
```

Natürlich ist es auch möglich, den Hochpaßfilter einzuschalten und gleichzeitig den Eingabetakt von 64 KHz auf 15 KHz zu senken (also Bit 0 und 1 setzen). In dem folgenden Beispiel wird damit ein weiterer Soundeffekt erreicht, der Ihnen als Anregung zum Experimentieren dienen soll.

```
10 SOUND 0,0,0,0
20 A=53760
25 FOR Z=0 TO 100
30 POKE A+8,3
35 POKE A+7,47
40 POKE A+3,175
50 POKE A+6,200
60 POKE A+2,20
80 POKE A+8,0
90 NEXT Z
```

> *Was Sie wissen müssen: Bevor Sie AUDCTL in einem BASIC-Programm direkt programmieren, müssen Sie eine sog. Null-Tonanweisung geben; also SOUND 0,0,0,0*

Register	Adresse	Bit
AUDCTL	53768	2

Wenn Bit 2 im AUDCTL-Register gesetzt wird (Dezimalwert 4), erreicht man einen Hochpaßfilter im AUFD∅ für die Frequenzen aus AUDF2. Alle Soundmöglichkeiten, die auf der gegenüberliegenden Seite beschrieben wurden, gelten auch hier. Sollen also statt AUDF1 und AUDF3 die Audiofrequenz-Register AUFD∅ und AUDF2 benutzt werden, müßte z.B. das erste Beispiel-Programm auf Seite 110 folgendermaßen umgeschrieben werden:

```
10 SOUND 0,0,0,0
20 A=53760
30 POKE A+8,4
40 POKE A+1,47
50 POKE A+4,200
60 POKE A,100
70 FOR Z=0 TO 500:NEXT Z
```

Register	Adresse	Bit
AUDCTL	53768	3

Durch Setzen von Bit 3 (Dezimalwert 8) werden AUDF2 und AUDF3 verbunden. (So, so.) Die normalerweise allein arbeitenden 8-Bit-Frequenzregister schließen sich zu einem 16-Bit-Frequenzregister zusammen. Anstelle von 256 Tonwerten stehen dadurch 256*256 = 65536 Töne zur Verfügung. (Hui!) Allerdings kann jedes Register im Computer nur Werte von 0 bis 255 annehmen. (Also aus der Traum?) Quatsch.

Bei Angaben über 255 werden zwei Register benutzt, in denen die hohen Zahlen aufgeteilt sind. In das erste Register kommt das sog. LOW-Byte; in das zweite das sog. HIGH-Byte. (Hört sich auch wieder richtig professionell an.) Eben drum. Wenn z.B. der Wert 12000 in zwei Register aufgeteilt werden soll, müssen folgende Formeln angewendet werden:

HIGH-Byte = INT (Wert : 256)
LOW-Byte = Wert - HIGH-Byte * 256

Das LOW-Byte muß immer in die erste Adresse, das HIGH-Byte in die zweite Adresse gePOKEt werden. Der Computer rechnet während des Programmablaufs die beiden Werte nach der Formel LOW-Byte + HIGH-Byte * 256 wieder zusammen. Das folgende Programm bringt 12000 als Anfangs- und Endwert.

```
10 WERT=12000
20 HIGH=INT(WERT/256)
30 LOW=WERT-HIGH*256
40 PRINT LOW,HIGH
50 WERT=LOW+HIGH*256
60 PRINT WERT
```

In dem folgenden Beispiel-Programm wird Bit 3 im AUDCTL gesetzt und das gesamte Frequenzspektrum gespielt. Das LOW-Byte übernimmt die einzelnen Tonschritte, das HIGH-Byte erhöht sich mit jedem 256. Schritt vom LOW-Byte um Eins.

```
10 SOUND 0,0,0,0
20 A=53760
30 POKE A+8,8
40 POKE A+7,175
50 POKE A+4,LOW
60 POKE A+6,HIGH
70 IF LOW=255 THEN LOW=0:HIGH=HIGH+1
80 IF HIGH=255 THEN END
90 LOW=LOW+1
100 GOTO 50
```

Wenn Sie nun nicht nur Bit 3 setzen, sondern auch den Eingabetakt von 64 KHz auf 15 KHz absenken, dann erhalten sie Sie wiederum ein neues Frequenzspektrum. Außerdem können die Verzerrungen für das AUDC3-Register verändert werden. Dazu das folgende Beispiel:

```
10 SOUND 0,0,0,0
20 A=53760
30 POKE A+8,9
40 POKE A+7,47
50 POKE A+4,LOW
60 POKE A+6,HIGH
70 IF LOW=255 THEN LOW=0:HIGH=HIGH+1
80 IF HIGH=255 THEN END
90 LOW=LOW+1
100 GOTO 50
```

Das folgende Programm soll demonstrieren, wo ein anderer Vorteil der 16-Bit-Umschaltung liegt.

```
10 SOUND 0,0,0,0
20 A=53760
30 POKE A+8,8
40 POKE A+7,175
50 LOW=255
```

```
60 HIGH=0
70 POKE A+4,LOW
80 POKE A+6,HIGH
100 GOTO 100
```

Drücken Sie nun die BREAK-Taste und schreiben Sie ohne Zeilennummer:

SOUND 0,255,10,15

Nach RETURN hören Sie den gleichen Ton, der auch durch das Programm erzeugt wurde. Ändern Sie nun die Zeilen 50 und 60:

```
50 LOW=0
60 HIGH=1
```

Wenn Sie nun nach RUN und der Unterbrechung durch BREAK wieder ohne Zeilennummer SOUND 0,255,10,15 spielen lassen, werden Sie einen kleinen Unterschied feststellen. Denn das Programm erzeugt den Frequenzwert 256, den ein normaler SOUND-Befehl nicht mehr erreichen kann.

Damit stehen auch sehr tiefe Töne für Soundeffekte oder für ein Orgelspiel zur Verfügung. Nachfolgend finden Sie eine Tabelle der tiefen reinen Noten mit Angaben von LOW-Byte und HIGH-Byte.

242	C	letzte reine Note in BASIC	
Frequenzwert	Note	LOW-Byte	HIGH-Byte
257	H	1	1
272	Ais	16	1
288	A	32	1
305	Gis	49	1
324	G	68	1
343	Fis	87	1
363	F	107	1
385	E	129	1
408	Dis	152	1
432	D	176	1
458	Cis	202	1
485	C	229	1
514	H	2	2
544	Ais	32	2
577	A	65	2

Frequenzwert	Note	LOW-Byte	HIGH-Byte
611	Gis	99	2
647	G	135	2
686	Fis	174	2
727	F	215	2
770	E	2	3
816	Dis	48	3
864	D	96	3
916	Cis	148	3
970	C	202	3

Register	Adresse	Bit
AUDCTL	53768	4

Durch Setzen von Bit 4 (Dezimalwert 16) werden AUDF0 und AUDF1 verbunden. Alle Soundmöglichkeiten, die für Bit 3 beschrieben wurden, gelten hier entsprechend. Soll also statt mit AUDF2 und AUDF3 eine 16-Bit-Frequenzwahl mit AUDF0 und AUDF1 geschaltet werden, müßte das Beispiel-Programm von Seite 113 folgendermaßen umgeschrieben werden:

```
10 SOUND 0,0,0,0
20 A=53760
30 POKE A+8,8
40 POKE A+1,175
50 POKE A,LOW
60 POKE A+2,HIGH
70 IF LOW=255 THEN LOW=0:HIGH=HIGH+1
80 IF HIGH=255 THEN END
90 LOW=LOW+1
100 GOTO 50
```

Register	Adresse	Bit
AUDCTL	53768	5

So wie mit Bit 0 der Eingabetakt für die Audiofrequenz-Register von 64 KHz auf 15 KHz herabgesetzt werden kann, so ist es mit Bit 5 (Dezimalwert 32) möglich, den Eingabetakt auf 1,79 MHz zu erhöhen; allerdings nur für AUDF2. Folgendes Programm zeigt die Wirkung:

```
10 SOUND 0,0,0,0
20 A=53760
30 POKE A+8,32
40 POKE A+5,175
50 POKE A+4,X
60 X=X+1:IF X=255 THEN END
70 GOTO 50
```

Das Frequenz-Spektrum wird hier auf eine sehr hohe Tonebene geschoben. Interessant wird dieser Effekt jedoch erst, wenn nicht nur Bit 5 gesetzt, sondern zusätzlich noch eine 16-Bit-Frequenzwahl getroffen wird. Dadurch können Sie die hohen Noten feiner abstimmen, als es mit der SOUND-Anweisung möglich ist. Dazu folgendes Beispiel:

```
10 SOUND 0,0,0,0
20 A=53760
30 POKE A+8,40
40 POKE A+7,175
50 POKE A+4,LOW
60 POKE A+6,HIGH
70 IF LOW=255 THEN LOW=0:HIGH=HIGH+1
80 IF HIGH=255 THEN END
90 LOW=LOW+1
100 GOTO 50
```

Natürlich können auch hier alle Töne in allen Verzerrungen gespielt werden. Damit erreichen Sie weitere Soundeffekte, die zu stundenlangem Experimentieren herausfordern.

Versuchen Sie z.B. folgendes Programm:

```
10 SOUND 0,0,0,0
20 A=53760
30 HIGH=0
40 POKE A+8,40
50 POKE A+7,175
60 FOR LOW=-255 TO 255 STEP 15
70 POKE A+4,ABS(LOW)
80 POKE A+6,HIGH
90 NEXT LOW
100 GOTO 60
```

Register	Adresse	Bit
AUDCTL	53768	6

Durch Setzen von Bit 6 (Dezimalwert 64) im AUDCTL wird das Gleiche erreicht wie mit Bit 5; jedoch werden hier 1,79 MHz nicht durch AUDF2, sondern durch AUDF0 getaktet.

Register	Adresse	Bit
AUDCTL	53768	7

Um die Funktionsweise dieser Bitschaltung verständlich zu machen, muß auf frühere Erläuterungen zurückgegriffen werden. Auf Seite 107 wird gezeigt, wie aus dem Eingabetakt für die Audiofrequenz-Register die einzelnen Schwingungen herausgefiltert werden (die Skizze zeigt eine Vierer-Division). Nach dieser Division werden die Frequenzen nicht gleich dem Lautsprecher zugeführt, sondern gelangen in einen sog. Vielfachzähler (Poly-Counter), in den die Frequenzen Bit für Bit eingeschoben werden. (Wird jetzt endlich das Schieberegister erklärt?) Klar, jetzt ist es so weit.

Die ATARI-Computer verfügen über drei Poly-Counter für jeden Tonkanal, die mit den Bits 5,6 und 7 der AUDC-Register gesteuert werden (vergl. Tabelle Seite 105). Die Tonverzerrungen 0,2,4 usw. werden durch die verschiedenen Kombinationen von zusammenwirkenden Poly-Countern hervorgebracht. Dabei arbeitet jeder Poly-Counter mit einem sog. Schieberegister unterschiedlicher Bit-Länge.

☐☐☐☐ 4-Bit-Schieberegister

☐☐☐☐☐ 5-Bit-Schieberegister

☐☐☐☐☐☐☐☐☐☐☐☐☐☐☐☐☐ 17-Bit-Schieberegister

Das Ganze muß man sich folgendermaßen vorstellen: Nach der der Bearbeitung in den Frequenzteilern gelangen die Pulse in einen Poly-Counter, wo sie Bit für Bit durch das Schieberegister geschickt werden. Hier arbeitet der normale Systemtakt mit 1,79 MHz. Pro Takt werden die Bits um ein Register weitergeschoben. Die Darstellung auf der folgenden Seite verdeutlicht diese Arbeitsweise.

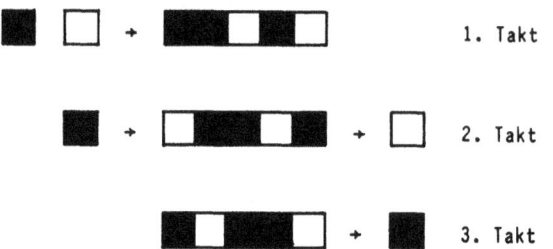

1. Takt

2. Takt

3. Takt

(Und wo ist da die Verzerrung?) Das kommt jetzt. Denn die Poly-Counter sind mit sog. NOR-Schaltungen verbunden, die sich aus den Schieberegistern wieder einzelne Bits herauspflücken und erneut in den Poly-Counter schicken.

Doch bevor die abgefangenen Bits wieder ins Schieberegister kommen, werden sie - je nach gewählter Verzerrung - in unterschiedlicher Weise bearbeitet. Wenn z.B. Verzerrung 0 gewählt wurde, werden zuerst zwei Bits aus dem 5-Bit-Schieberegister, dann zwei Bits aus dem 17-Bit-Schieberegister verarbeitet, das Ergebnis durch zwei dividiert und die so entstehende halbzufällige Frequenz wieder in die Poly-Counter geschickt.

(Alles klar. Aber wie funktioniert die NOR-Schaltung denn nun wirklich?) NOR ist die Verbindung von NOT und OR (Nicht-Oder). Ganz praktisch bedeutet dies, daß nur Impulse zum Output gelangen (und dort negiert, also wahrheitsumgekehrt werden), wenn zur gleichen Zeit ein identischer Impuls am Input vorliegt. (Lieber Himmel, ist das kompliziert.) Das kann ich auch nicht ändern. Zumindest wird jetzt deutlich, warum bei bestimmten Kombinationen von Frequenzen und Verzerrungen kein Ton zu hören ist: In diesen Fällen treffen die Bedingungen für die NOR-Schaltung nie zu; und dadurch kommt kein Impuls zum Output.

Normalerweise wird jedoch die ursprünglich reine Frequenz durch das Zermalmen in der Bit-Mühle einfach nur verzerrt wiedergegeben. Offenbar pendeln sich dabei die Input/Output-Frequenzen schnell ein, so daß ein erkennbares Wiederholungs-Muster entsteht (siehe die vielen rhythmischen, knurrenden und surrenden Sounds).

Durch Einbeziehung des 17-Bit-Schieberegisters ist dieses Wiederholungs-Muster jedoch nicht mehr zu hören. Deshalb entstehen zum Teil unrhythmische Sounds (Verzerrungen 0,4 und 8 sind an die 17-Bit-Schieberegister gekoppelt). Hier kommt es auch besonders häufig zu Tonlosigkeit. (Das ist ja alles ganz toll. Aber was hat das mit dem Bit 7 vom AUDCTL zu tun?) Das kommt jetzt: Durch Setzen von Bit 7 (Dezimalwert 128) wandelt sich das 17-Bit-Schieberegister in ein 9-Bit-schieberegister um. Das bedeutet eine neue Verzerrungsform für Soundeffekte. (Wahnsinn! Und wie hört sich das an?)

Folgendes Programm spielt zuerst in der Verzerrung 8; dann wird Bit 7 im AUDCTL gesetzt, wodurch die gleiche Frequenz in einer anderen Rhythmik erklingt.

```
10 SOUND 0,50,8,15
20 FOR Z=0 TO 1000:NEXT Z
30 POKE 53768,128
40 FOR Z=0 TO 1000:NEXT Z
```

Auch hier steht Ihnen das gesamte Frequenz-Spektrum zur Verfügung. Durch alle Kombinationen von Frequenzerweiterung durch 16-Bit-Wahl, Hochtonfilter und Eingabetaktänderungen können Sie mit dem ATARI über 1,2 Millionen verschiedene Töne erzeugen. (Und wer soll die alle hören?) Zum einfachen Anhören werden diese vielen Töne sicher zu langweilig sein. Aber für Soundeffekte oder zur Feinabstimmung hoher Orgeltöne lassen sie sich gut anwenden. In diesem Buch wurden hierfür viele Beispiele und Anregungen gegeben. Mit Absicht wurden alle Listings ausführlich kommentiert, damit Sie nicht nur zum Programm-Konserven-Schlucker absteigen müssen, sondern aufgrund der vorgegebenen Programm-Strukturen und Prinzipien eigene Ideen und effiziente Programme entwickeln können.

Viel Spaß beim Computern!

Nützliches

Mit dem ATARI allein werden Sie auf die Dauer nicht hinkommen. (Das ist doch ein alter Hut.) Na schön. Aber beim Kauf von Peripheriegeräten kann es zum ernsthaften Frust kommen, wenn die knisternde Styropor-Packung erst einmal entfernt und der Drucker, der Monitor oder sonstwas nach stundenlangem Entwirren von Verbindungskabeln am Computer angeschlossen ist.

Manches Interface entlockt dem Drucker nur den halben Zeichensatz des ATARI; mancher Monitor gibt die brillanten ATARI-Farben erst ab Helligkeitsstufe 6 wieder. (Und das steht in keiner Betriebsanleitung.) So ist es.

Es gibt natürlich nicht nur "Schwarze Schafe" unter den Peripheriegeräten. Daher sind die folgenden Produkte nicht die einzigen, mit denen sich am ATARI arbeiten läßt. Es handelt sich lediglich um Geräte, mit denen dieses Buch entstanden ist, die sich problemlos anschließen lassen und die zufriedenstellende Leistungen bringen.

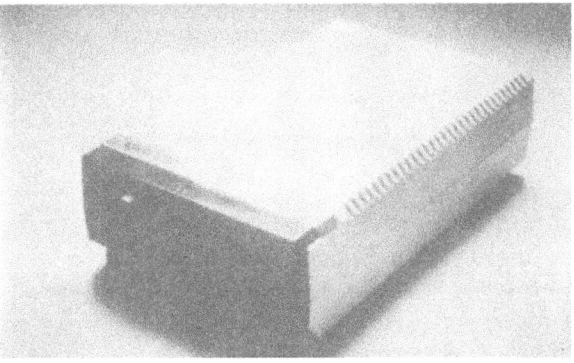

Die ATARI 1050 Diskettenstation wird mit 5 1/4-Zoll-Disketten "gefüttert". Besonderheit dieses Geräts ist ein eingebautes Interface und die Möglichkeit, automatisch von einfacher zu doppelter Schreibdichte umzuschalten, je nachdem, welches DOS (Disketten-Operations-System) benutzt wird.

Das bequeme Auswahlmenü des DOS läßt sich ohne Eröffnen von Datenkanälen problemlos auf jede Diskette kopieren.

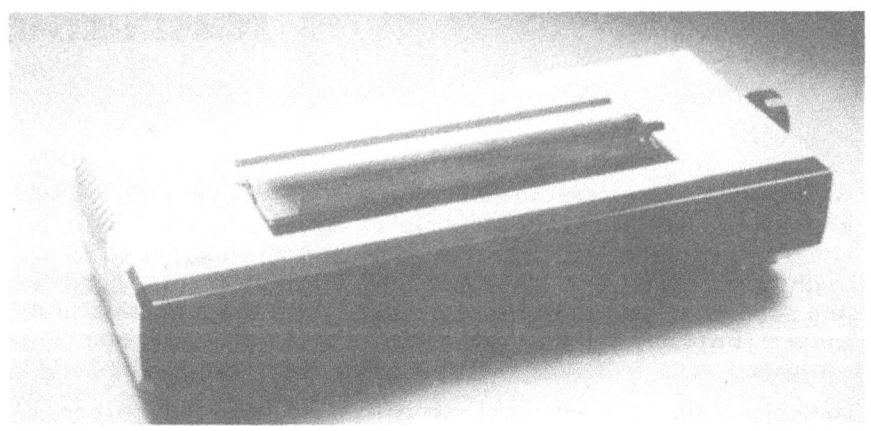

Der ATARI 1027 Schönschriftdrucker läßt sich wegen seines sauberen Schriftbildes gut als Korrespondenz-Drucker einsetzen. Mit einer einzeiligen Anweisung kann man über den internationalen Zeichensatz verfügen. Seine Druckgeschwindigkeit beträgt 20 Zeichen/sec. Es lassen sich normale DIN A 4 Bögen und Rollenpapier einspannen.

Schriftprobe mit dem ATARI 1027 Schönschriftdrucker

Durch programmierbares Vor- und Rücklaufen ist außerdem eine Formularsteuerung möglich.

Alle Listings dieses Buches wurden auf dem STAR Radix 10 gedruckt. Durch das hauseigene Interface ist die Signalübertragung problemlos. Alle Zeichen, einschließlich Umlaute sind sofort verfügbar. Durch frei definierbare Charakter-Sets kann man sich auch den ATARI-Grafik-Zeichensatz für den Ausdruck programmieren. Mit einfachen Anweisungen lassen sich verschiedene Schriftarten, Zeilenabstand und -breite bestimmen.

Durch ein eingebautes Audioteil mit direkter Tonwiedergabe war der Taxan Vision EX-Monitor für die Aufgaben dieses Buches besonders geeignet. Er wurde speziell für den Heimcomputer-Bereich konstruiert. Seine Auflösung von 380 x 262 Bildschirmpunkten ermöglicht eine gute Darstellung der ATARI-Grafik.

Anhang A

Grundakkorde einzelner Tonarten

Tonart	Grundakkord	BASIC-Frequenzwert
C-Dur	C,E,G	122,97,81
D-Dur	D,Fis,A	108,86,72
E-Dur	E,Gis,H	97,77,65
F-Dur	F,A,C	91,72,61
G-Dur	G,H,D	81,65,54
A-Dur	A,Cis,E	72,58,48
H-Dur	H,Dis,Fis	65,51,43
c-moll	C,Es,G	122,102,81
d-moll	D,F,A	108,91,72
e-moll	E,G,H	97,81,65
f-moll	F,B,C	91,68,61
g-moll	G,B,D	81,68,54
a-moll	A,C,E	145,122,97
h-moll	H,D,Fis	129,108,86
Cis-Dur	Cis,Fis,Gis	115,86,77
Des-Dur	Des,E,As	115,97,77
Es-Dur	Es,G,B	102,81,68
Fis-Dur	Fis,Ais,Cis	86,68,58
Ges-Dur	Ges,B,Des	86,68,58
As-Dur	As,C,Es	77,61,51
B-Dur	B,D,F	68,54,46
cis-moll	Cis,E,Gis	115,97,77
dis-moll	Dis,Fis,Ais	102,86,68
fis-moll	Fis,A,Cis	86,72,58
gis-moll	Gis,H,Dis	77,65,51
ais-moll	Ais,Cis,F	137,115,91
b-moll	B,Des,F	137,115,91

Anhang B

ASCII-Tabelle

```
normal/invertiert

32  /  160      Leerzeichen
33  /  161      !
34  /  162      "
35  /  163      #
36  /  164      $
37  /  165      %
38  /  166      &
39  /  167      '
40  /  168      (
41  /  169      )
42  /  170      *
43  /  171      +           normal/invertiert
44  /  172      ,
45  /  173      -      68  /  196   D
46  /  174      .      69  /  197   E
47  /  175      /      70  /  198   F
48  /  176      0      71  /  199   G
49  /  177      1      72  /  200   H
50  /  178      2      73  /  201   I
51  /  179      3      74  /  202   J
52  /  180      4      75  /  203   K
53  /  181      5      76  /  204   L
54  /  182      6      77  /  205   M
55  /  183      7      78  /  206   N
56  /  184      8      79  /  207   O
57  /  185      9      80  /  208   P
58  /  186      :      81  /  209   Q
59  /  187      ;      82  /  210   R
60  /  188      <      83  /  211   S
61  /  189      =      84  /  212   T
62  /  190      >      85  /  213   U
63  /  191      ?      86  /  214   V
64  /  192      §      87  /  215   W
65  /  193      A      88  /  216   X
66  /  194      B      89  /  217   Y
67  /  195      C      90  /  218   Z
```

Anhang C

Tastatur-Code

28	ESC	2	;
31	1	6	+
30	2	7	*
26	3	60	CAPS
24	4	23	Z
29	5	22	X
27	6	18	C
51	7	16	V
53	8	21	B
48	9	35	N
50	0	37	M
54	<	32	,
55	>	34	.
52	DELETE	38	/
44	TAB	39	ATARI-TASTE
47	Q	33	LEERZEICHEN
46	W		
42	E		
40	R		
45	T		
43	Y		
11	U		
13	I		
8	O		
10	P		
14	–		
15	=		
12	RETURN		
63	A		
62	S		
58	D		
56	F		
61	G		
57	H		
1	J		
5	K		
0	L		

Mit SHIFT = +64

Mit CONTROL = +128

Birkhäuser Computer Shop

Karl-Heinz Koch

ATARI Spiele programmieren

1984. 240 Seiten, Broschur.
ISBN 3-7643-1659-4

Schritt für Schritt

Das Buch führt Schritt für Schritt in das Programmieren in BASIC ein. Dabei werden schon mit den ersten einfachen Befehlen faszinierende Grafikeffekte erzielt. So werden die Befehle und ihre Wirkung optisch erfahrbar gemacht. Auf Verständlichkeit wird besonderer Wert gelegt, was für Bücher dieser Materie leider keine Selbstverständlichkeit ist. Und wann immer der Lerneifer nachlässt, kann eines der vielen Spielprogramme für Entspannung sorgen.

Birkhäuser Verlag
Basel · Boston · Stuttgart

GPSR Compliance

The European Union's (EU) General Product Safety Regulation (GPSR) is a set of rules that requires consumer products to be safe and our obligations to ensure this.

If you have any concerns about our products, you can contact us on

ProductSafety@springernature.com

In case Publisher is established outside the EU, the EU authorized representative is:

Springer Nature Customer Service Center GmbH
Europaplatz 3
69115 Heidelberg, Germany

www.ingramcontent.com/pod-product-compliance
Lightning Source LLC
LaVergne TN
LVHW022037260326
834688LV00060B/1403